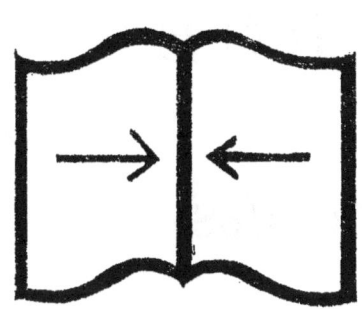

RELIURE SERREE
Absence de marges
intérieures

VALABLE POUR TOUT OU PARTIE
DU DOCUMENT REPRODUIT

Couvertures supérieure et inférieure
manquantes

LES FARCES

DE

MON AMI JACQUES

POUR PARAITRE PROCHAINEMENT

DU MÊME AUTEUR

—

LES

MALHEURS DU COMMANDANT LARIPÈTE

Châteauroux — Imp. NURET, MAJESTÉ, successeur

LES
FARCES

DE

MON AMI JACQUES

PAR

ARMAND SILVESTRE

PARIS
PAUL OLLENDORFF, ÉDITEUR
28 bis, RUE DE RICHELIEU

1881
Tous droits réservés.

Au lecteur qui serait tenté de me reprocher la gauloiserie de quelques-uns des chapitres de ce petit roman à bâtons rompus, je répondrai :

La vie étant faite de joies et de tristesses, il n'y a aucune raison pour ne confier à ses contemporains que ses ennuis.

J'ai composé ces contes dans mes heures de belle humeur, comme j'ai écrit la plupart de mes poèmes dans mes heures de mélancolie.

Je ne renie pas plus celles-ci que celles-là.

Je ne rougis pas plus de mon rire que de mes larmes et me fais gloire d'admirer Rabelais à l'égal d'Homère.

Je sais qu'il est prodigieusement malin de ne se révéler au public que sous un unique aspect, mais je trouve plus honnête de se montrer à lui tel qu'on est.

La sincérité me semble précisément dans l'expansion de ces alternatives de douleur et de gaieté qui sont le fond de l'âme humaine.

J'ai donc été sincère, en prose comme en vers, et cela me suffit.

ARMAND SILVESTRE.

LES
FARCES DE MON AMI JACQUES

I

LA PREMIÈRE DE MON AMI JACQUES

Vous ne connaissez pas mon ami Jacques ? Quand je vous aurai dit qu'il est grand, doté d'un certain embonpoint, que son nez n'a rien emprunté à l'art grec et que nous nous ressemblons tant qu'on nous prend volontiers pour les deux frères, vous n'en serez pas plus avancés vraiment. Ceux qui le trouvent laid l'appelent : *mon alter magot*. Nous nous comprenons si bien, que nous ne nous cachons rien l'un à l'autre. Il m'a dit, l'autre soir, entre deux cigarettes, une aventure de jeunesse qui m'a amusé un instant. Montrons-lui que je suis discret, en tentant d'en amuser aussi le lecteur. Je serai complet dans mon infâmie, car c'est à lui que je laisse la parole. Or donc, voici ce qu'il me dit :

— Je ne suis pas le premier qui, à vingt ans, ait eu une maîtresse de trente-cinq. C'est même dans l'ordre des choses. Il faut, paraît-il, un nombre exact de lustres pour qu'on soit heureux de les mettre en commun en amour. Maintenant que j'ai trente-cinq ans, à mon tour, j'aime les femmes de vingt, et si je continue, quand j'aurai soixante ans je ne trouverai plus de maîtresse assez jeune pour refaire l'addition cabalistique, et je serai forcé d'abdiquer. C'est ce que font beaucoup de gens raisonnables.

Il y avait déjà trois ans que, préoccupé par ce problème d'arithmétique, j'avais quitté Marguerite ; elle en avait donc trente-huit, c'est-à-dire qu'elle commençait à ne s'en plus donner que trente-deux. Je l'avais, je l'avoue, légèrement oubliée, quand un petit mot tout à fait gracieux la rappela à ma mémoire. Elle avait une envie folle de m'avoir, un matin, à déjeuner chez elle. Est-ce une raison parce qu'on n'est plus amants pour ne pas être amis ? Bref, elle insistait si aimablement, que je n'hésitai pas une minute.

Ces retours inattendus et furtifs d'anciennes maîtresses flattent toujours la vanité. On y voit un hommage rendu à sa propre supériorité sur les gens qui les ont honorées depuis de leur tendresse. Cela équivaut à un : « Décidément, il n'y a que toi ! »

Voilà pourquoi, après avoir répondu poste pour poste, j'étais, deux jours après, rue Clausel, sonnant à la porte d'un élégant troisième, fort correctement mis, ma foi, et dans les dispositions d'un homme qui entend qu'on lui dise, à la sortie : « Oui ! oui ! cent fois oui ! Décidément, il n'y avait que toi ! »

Une chose cependant me chiffonna en traversant le vestibule. La porte de la salle à manger était entr'ouverte et j'aperçus bien distinctement trois couverts sur la table.

N'était-ce pas un tête-à-tête que me demandait Marguerite ? Avait-elle l'intention de me présenter une amie?... Fi ! Elle n'avait pas encore l'âge de ces complaisances-là ! C'est donc en faisant les suppositions les plus saugrenues que j'entrai dans le petit salon où elle ne tarda pas à me rejoindre.

Elle portait ce qu'on peut appeler une demi-toilette : — un corset sous un peignoir ; — de mignonnes bottines aux pieds ; — combien j'aurais préféré des pantoufles ! Elle m'ouvrit les deux bras, et, ma parole ! je la trouvai mieux cent fois que le jour où je l'avais quittée. La preuve est que, ce jour-là, on ne m'y eût pas fait revenir. Le premier baiser fut où je l'avais souhaité, « la saveur en la bouche », comme dit notre vieux Ronsard.

Elle me sembla fort aimante, et je crus, un moment, avoir mal vu dans la salle à manger. Un doute me restait, cependant :

— Nous déjeunerons seuls, n'est-pas ? lui demandai-je.

Elle rougit un peu, mais se remit vite. Elle m'expliqua qu'elle attendait un ami, un ami à qui elle n'avait pu refuser. J'allai prendre mon chapeau... Elle me saisit les deux mains et me contraignit à me rasseoir. Ce que j'allais faire était stupide ! Nous n'étions plus rien l'un à l'autre depuis trois ans. D'ailleurs l'ami qu'elle attendait n'était pas fait pour me donner une jalousie posthume. Il avait la soixantaine ; un monsieur très bien, tout à fait comme il faut, qui ne lui était rien du tout à elle-même et qui lui faisait platoniquement la cour. Enfin, elle m'avait annoncé à lui, et il désirait infiniment me connaître. On ferait un déjeuner charmant, où il ne serait pas dit un mot d'amour. Et puis elle avait fait faire pour moi de la perdrix au choux.

Que répondre à tant de choses ? Je me soumis, et la retraite m'était d'ailleurs coupée, car on sonnait. Or, c'est compromettre une femme que de se sauver ostensiblement quand on sonne chez elle.

L'homme attendu faisait son entrée. On nous présenta l'un à l'autre. Il s'appelait M. de Saint-Yves. Petit, un gros ventre, la tête mince et effilée à la Charles X ; je ne sais quel parfum rance de la Restauration s'exhalait de sa personne. D'excellentes manières, avec cela, et ce qu'on est convenu d'appeler une grande distinction. Il m'eût abordé en me disant : Mince de chic ! que je serais tombé à la renverse et n'aurais plus cru de ma vie aux physionomies. Mais ce n'est pas ainsi qu'il m'aborda : toutes les formules polies et démodées y passèrent. Je lui rendis la monnaie de sa courtoisie en homme qui connaît ses auteurs.

On se mit rapidement à table.

Ce vieillard m'humilia, je l'avoue, par l'empressement affectueux de ses façons avec Marguerite. Il n'eût pas traité Mme de Montespan avec plus de cérémonie. Ah! je n'étais pas ainsi, moi, autrefois! galant, oui ; mais comme ça, non ! Est-ce que mon ancienne bonne amie m'avait fait venir pour me donner une leçon ?

La perdrix aux choux me fit oublier. Le pomard fit le reste, et, une heure après, notre repas était devenu le plus gai, le plus cordial et le plus familier du monde. Saint-Yves m'appelait Jacques, et moi je lui donnais du Saint-Yves tout court. Marguerite était enchantée et s'applaudissait bruyamment d'avoir mis deux hommes aussi distingués en présence. La Marguerite des Marguerites n'était pas plus fière d'avoir organisé le camp du drap d'or.

Et de fait, elle était encore jolie (pas la Marguerite des Marguerites, mais la mienne), avec une pointe de vermillon sur la joue, bavardant comme une grive, dans son abandon de femme repue et qui a la digestion gaie. Saint-Ives lui-même me semblait moins ridicule avec ses cheveux et ses favoris teints en marron clair, et je pensais même, avec attendrissement, en le contemplant, à ma première veste d'enfant qui était exactement de cette couleur.

Un beau soleil rouge tamisait sa fine poussière à travers les rideaux. On parla d'aller finir la journée à la campagne. J'offris résolument un dîner au Bas-Meudon. Saint-Yves dit non d'abord, puis oui après ; Marguerite avait dit oui tout de suite. Pendant que mon nouvel ami et moi nous achevions un cigare, elle se transforma et nous revint dans une délicieuse toilette claire. Ah ! ce Saint-Yves était bien gênant ! Enfin, il y avait des bois au Bas-Meudon et nous en connaissions tous les mystères !

Je vous fais grâce du voyage et du repas. Je ne vous dirai pas les délices d'une friture au bord de l'eau, quand le clapotement de la rivière semble grandir dans le silence du soir. Il faudrait avoir bien peu de poésie dans l'âme pour ne pas savourer de telles impressions. Saint-Yves s'était un peu assoupi après son diner, et Marguerite et moi avions pu faire quelques pas, seuls, dans les bosquets voisins. — « Décidément, il n'y a que toi ! » m'avait-elle dit. — J'étais heureux !

Quand nous remontâmes, Saint-Yves était troublé et semblait fort agité. Je crus d'abord à une scène de jalousie, et je l'attendais de pied ferme, en homme qui l'a méritée. Mais il vint à moi, les deux mains tendues.

— Jacques, vous êtes bien mon ami ? me dit-il.

Je le lui affirmai sans honte. Alors il rapprocha sa chaise, se rassit, se pelotonna près du mur et, pendant que Marguerite mettait son chapeau devant une glace, se mit à me parler à l'oreille, en me serrant le bras bien fort.

— J'ai un grand service à vous demander, me dit-il.

Et, d'une voix chevrotante, il me conta une lamentable histoire. Il était marié ! Sa femme avait quarante ans de moins que lui, et il la trompait indignement. Elle l'attendait pour dîner à six heures ; il en était dix, et il redoutait une scène effroyable au retour. D'autant, qu'habitant Joinville-le-Pont, il ne serait pas chez lui avant une heure du matin.

— Vous seul pouvez me sauver, continua-t-il.

— Et comment ?

— En m'accompagnant jusqu'à Joinville et en venant m'y demander l'hospitalité. Je dirai à ma femme que j'ai rencontré un vieil ami de vingt ans qui m'a entraîné. Vous confirmerez mon dire. Ma femme vous maudira, mais ça vous est bien égal. Et moi, j'aurai doublé un cap terrible, un cap où peut naufrager mon bonheur !

Certaines situations ont leur éloquence. Le pauvre diable me fit tant de peine, et sa démarche était si inattendue, que je finis par consentir.

Deux heures après, nous avions tous les deux reconduit Marguerite, et, précédé de mon hôte, j'entrai sur la pointe des pieds dans sa villa.

Aucun bruit.

— Ma femme dort, fit-il, tant mieux ! Je vais vous installer dans votre chambre, et demain matin nous ferons notre petite scène. Vous avez bien compris, Jacques ? Un ami, un vieil ami de vingt ans ! Bonsoir !

J'approchai la bougie de la glace et me regardai avec inquiétude. Est-ce que, moi aussi, j'avais l'air d'un monsieur de soixante ans qui se teint les cheveux et le poil du menton en marron clair ?

Un peu rassuré, je commençai à me déshabiller, et je venais de retirer précisément ma chemise, quand, toujours dans la glace, j'aperçus une porte qui s'entr'ouvrait derrière moi et une délicieuse tête de femme qui jetait un regard dans la chambre. Le moment était bien choisi ! La porte se referma avec la rapidité que vous pensez. Nous ne nous étions pas même vus face à face ; mais il n'en faut quelquefois pas plus pour décider d'une destinée. Je m'endormis vite. Je crus entendre des bruits de querelle dans mon sommeil. Bah ! peut-être un vent d'orage qui se disputait avec les feuilles !

Saint-Yves entra chez moi, dès le petit jour.

— Ça n'a pas pris, me dit-il. Ma femme a été furieuse toute la nuit. D'abord elle est venue voir s'il y avait du monde dans votre chambre, mais ça ne l'a pas calmée. Au contraire ! — Vous m'avez amené un fier malotru, m'a-t-elle dit. Jacques, soutenez bien votre rôle de vieil ami. Tiens ! tutoie-moi ! Nous parlerons du collège, dis ! de nos souvenirs d'enfants, des pions qui nous ont punis. Tu m'appelleras Onésime ! — c'est mon petit nom, — et tu me plaisanteras sur mes thèmes grecs, tu me reprocheras de t'avoir chippé des billes...

J'étais abasourdi. Je promis cependant.

Ah ! la présentation fut rude. Mme de Saint-Yves me toisa d'un regard de dédain que je n'ai pas encore oublié aujourd'hui. C'était la première fois que mon académie avait produit un si déplorable effet. C'était une belle personne, grande, à l'air créole, un peu nonchalant, mais avec des lignes de résolution aux coins de la bouche. Une bouche adorable ! Comment ce vieux mâtin pouvait-il tromper cette superbe créature pour Marguerite !...

Enfin !

Saint-Yves commença la comédie suivante :

— Ce vieux Jacques ! s'écria-t-il. Quel plaisir de serrer un Labadens sur son cœur !.. Te rappelles-tu cette version où tu fis un calembour qui le valut une retenue ? Ah ! comment résister à ces souvenirs-là ! On se rencontre ! on ne s'est pas vu depuis quarante ans ! On ne se reconnaît pas et on cause... et puis on ne peut plus se quitter... etc., etc.

Il allait ! il allait ! Et moi je lui répondais comme je pouvais.

— Ne pouvez-vous offrir à votre vieux camarade un verre de bordeaux pour y tremper un biscuit avant de nous quitter ? lui dit d'un ton fort doux sa femme.

— Excellente idée, chère amie !

Et il disparut, les clefs de la cave à la main.

Alors, Mme de Saint-Yves vint droit à moi, et me regardant bien, dans les yeux, les bras croisés sur la poitrine :

—Ne mentez pas ! me dit-elle d'une voix ferme. Depuis combien de temps connaissez-vous mon mari ?

Elle était admirable ainsi ! L'idée d'une trahison subite me traversa le cerveau. Une trahison ? et pourquoi donc ? Il faut toujours dire la vérité.

— Depuis hier, lui répondis-je ingénument.

— Et vous l'avez rencontré ?

— Chez une cocotte.

— C'est bien, me dit-elle. Nous nous reverrons. — Et elle me tendit une main que je couvris de baisers.

Saint-Yves revenait ; il me versait du bordeaux pendant que sa femme le regardait avec un petit air narquois. Il continuait sa comédie de collégien, ne se doutant de rien, et me faisant horriblement pitié. Je n'avais presque plus le courage de lui répondre sur le même ton. Mais il croyait avoir enfin à peu près convaincu sa femme, et alors il insistait, il insistait ! Il s'en donnait comme un homme qui croit avoir mis dans le mille et n'a pas envie d'en sortir de sitôt.

— Quand nous reverrons-nous ? me dit-il.

— Monsieur a son couvert ici ! répondit gracieusement Mme de Saint-Yves.

Lui eut un éclat de joie indescriptible. Fallait-il que sa femme eût bien avalé l'hameçon !

— Et après ? demandai-je à Jacques.

— Après ?.. me répondit-il, mais tu le sais comme moi ! J'eus, pendant huit ans, la plus adorable maîtresse du monde.

— Et Saint-Yves ?

— Il est toujours avec Marguerite. Maintenant il a renoncé au marron clair et se peint en bleu foncé. Elle lui présente tous les jours des petits jeunes gens de vingt ans ; et lui, quand il parle d'eux, il insinue à tout le monde que ce sont ses frères de lait.

II

LE NOUVEAU FORTUNIO [1]

Tous les délicats en beauté connaissent cette délicieuse Blanche de Livry, qui ne fit que passer au théâtre, comme les reines de féerie, dans une apothéose de lumière. Tous ont admiré cette fine tête ciselée en bijou grec et posée sur un corps aux souplesses espagnoles. Les filles d'Arles sont ainsi, semblant avoir une double patrie. Blanche s'ignore-t-elle elle-même ? Je n'en crois rien, mais elle a le bon goût de paraître surprise des hommages que lui vaut son incomparable splendeur et de respirer l'encens avec autant de simplicité que la première fleurette venue. C'est une façon très originale d'être déesse, une déesse sans le savoir.

Or, l'hiver dernier, par un jour aussi court que

---

[1]. Cette nouvelle avait été écrite par mon ami Jacques pour la *Revue des Deux-Mondes*.

ceux-ci, mais infiniment plus froid, Mlle de Livry, debout auprès de sa fenêtre, dont les vitres semblaient filtrer à regret une clarté faite de poussière de neige, lisait à grand'peine... le dirai-je, bon Dieu ! des vers, oui, messeigneurs, des vers, et même des vers de huit pieds, à preuve que les voici :

> C'est au temps de la chrysanthème
> Qui fleurit au seuil de l'hiver,
> Que l'amour profond dont je t'aime
> Au fond de mon cœur s'est ouvert.
>
> Sans redouter les jours moroses,
> Qui font mourir les autres fleurs,
> Il durera plus que les roses
> Aux douces, mais frêles couleurs ;
>
> Et si, quelque jour, par caprice,
> Ton pied le foule, méprisé,
> En même temps que son calice,
> Tu sentiras mon cœur brisé !

Il y avait une quinzaine déjà que, tous les jours, à la même heure, un gros bouquet de violettes apportait à Blanche une de ces petites musiques-là. C'était le poète Robert Sermet qui lui adressait ainsi, de loin, les échos de sa guitare. Sermet est un garçon d'esprit qui ne se flattait pas de ressusciter ainsi les cours d'amour de Clémence Isaure, mais qui, sincèrement épris de cette superbe créature, trouvait quelque douceur à chanter son mal sur des rythmes anciens et nouveaux. Chose admirable entre toutes ! Mlle de Livry n'avait pas le mépris des Muses. Un boursier effaré avait aperçu, un soir, sur sa table de nuit, un volume de Théodore de Banville, et n'était jamais revenu. Elle lisait donc avec une attention invraisemblable les rimes méthodiquement assemblées en pattes de mouche par son platonique amoureux sur une feuille presque diaphane de papier blanc, quand un violent coup de sonnette retentit.

Quelques instants après, on annonçait à Madame un des clercs de l'huissier Pincecuir, et un grand garçon gauche, au maintien dégingandé, lui tendait, d'une main douteuse, un charmant recueil de papier timbré. Mlle de Livry le prit brusquement, y jeta les yeux et poussa comme un hennissement de colère ! — Encore cette dette Beaufumé ! Le comte avait encore promis, la veille, de tout régler ! Eh bien, il en verrait de belles, le comte, quand il reviendrait faire son joli cœur ! Tous les hommes sont pareils ! En voilà de ces animaux qui ne sont pas chiches de promesses ! Comme c'est amusant que votre concierge voie monter chez vous des clercs d'huissier ! Car ils les connaissent tous, ces clercs d'huissier, les concierges ! Ils ne les connaissent pas, ils les flairent. Ils lèvent la patte et demeurent immobiles en les sentant... Mais ils ne les arrêtent pas.

Et tout en exhalant sa méchante humeur en propos interrompus, Blanche fouillait fiévreusement et promenait ses jolis doigts blancs crispés par la colère dans les tiroirs d'une admirable console en marqueterie. Elle en tirait enfin une liasse de billets de banque, les comptait en les chiffonnant et les jetait au pauvre Saturnin (c'était le nom du clerc de M° Pincecuir), lequel était, depuis un instant, comme dit mon maître Rabelais, *en contemplation véhémente* devant elle, les yeux écarquillés, la bouche ouverte, les mains pendantes, avec une bonne boule d'idiot ou de thaumaturge. Après quoi, elle le poussa vers la porte, qu'elle referma sur lui en la faisant claquer. Puis, ramassant les papiers à l'effigie du gouvernement que lui avait apportés le jeune drôle, elle les enfouit avec dégoût dans le tiroir encore ouvert et, comme pour se désinfecter les yeux et les doigts de cette ordure, se mit à rechercher les vers qu'elle était en train de lire au moment où elle avait reçu cette maussade visite.

Mais elle eut beau faire et fureter par toute la chambre, l'hommage lyrique du poète Sermet avait disparu. Les deux premiers vers étaient seuls restés dans la mémoire de celle pour qui ils avaient été écrits.

Suivons, je vous prie, ce godiche de Saturnin jusque chez son patron. Sa cliente avait fait sur lui une si foudroyante impression que, pour revenir chez M° Pincecuir, il se trompa de rue au moins vingt fois, se heurta à tous les Rambuteau, entra chez un droguiste pour y acheter un cigare (erreur bien excusable, d'ailleurs, étant donnée la qualité des cigares d'aujourd'hui) et finit par arriver à destination une heure après la fermeture de l'étude. Comme il ne pouvait garder de fonds sur lui, il monta à l'appartement particulier de l'huissier, méditant, le long de l'escalier, sur le galop qu'il allait certainement recevoir. Mais il eut la chance que M° Pincecuir fût allé faire, après dîner, un jacquet avec son ami Fumerolle, au café Torchemon ; aussi fut-ce Mme Pincecuir qui le reçut, — Mme Pincecuir, une blonde grassouillette, répondant, dans l'intimité, au nom gracieux d'Élodie, — bonne et avenante personne, digne d'un autre époux, qui lisait du Montépin à la journée et quelquefois du Musset, quand le Montépin manquait, romanesque au fond de cet odieux antre à paperasses. Elle avait remarqué Saturnin depuis longtemps. Comme il était, en effet, remarquablement paresseux et dormait toute la journée à l'étude, la tête enfouie dans ses mains, elle s'était dit que le jeune homme rêvait et pensait, sans doute à elle. Aussi n'avait-elle jamais souffert que Pincecuir le renvoyât. Elle avait bâti toute une petite histoire dans sa tête, comme font les femmes dont la vertu est inoccupée ; elle y était l'objet de l'amour mystérieux, timide et maladroit, mais sincère et profond de ce jouvenceau. Aussi l'air troublé de Saturnin, quand il lui remit l'argent de Blanche, ne lui échappa point. Elle voulut, à toute force, le faire rafraîchir et le retenir un instant. Mais Saturnin, qui redoutait la fin de la partie de jacquet de Fumerolle, demanda la permission de se retirer. Un doux et bienveillant regard le suivit par delà la porte. Mais quelle ne fut pas l'ivresse de Mme Pincecuir quand, après son départ, recomptant les billets de banque, un petit papier blanc griffonné de vers s'en échappa ! Elle les lut... non ! elle les dévora. C'étaient ceux de l'infortuné sonnet que la belle Livry avait, dans sa brusquerie impatiente, fourré parmi les banknotes destinées à l'huissier.

Pour le coup, Élodie faillit se trouver mal de joie. Aimée d'un poète ! Comme elle avait deviné ce Saturnin sous son enveloppe imbécile ! Et elle se prit à se rappeler la chanson de Fortunio et à se dire qu'une Jacqueline sans Clavaroche avait bien le droit de se laisser aimer un peu du plus jeune clerc de son mari.

Le lendemain, Saturnin trouva ce petit mot, à l'étude, dans la poche de son paletot : « Imprudent chanteur ! ne m'écrivez plus, mais attendez-moi à quatre heures au square Saint-Jacques. Allée de droite. » Il n'y comprit rien, mais, comme c'était une occasion manifeste de flâner, il fut exact au rendez-vous. Il y rencontra sa patronne et se sauva, croyant que Pincecuir l'avait envoyée là pour l'espionner, ou qu'un camarade, sachant qu'elle passerait par là, lui avait fait une méchante farce. Ce qu'il fallut de génie à Mme Pincecuir pour convaincre de son bonheur cette brute de Saturnin aurait suffi à Pascal pour écrire ses *Pensées*. La Jacqueline du *Chandelier* devint la Putiphar de la Bible. Mais je dois ajouter que Saturnin, qui tenait beaucoup à ses vêtements, ne suivit pas l'exemple de Joseph jusque dans le sacrifice de son pardessus. Il aima joliment mieux tromper à tire-larigot cette vieille canaille de Pincecuir. Mais c'est en vain qu'Élodie, affamée de poésie, lui commanda de nouveaux vers. Comme le rossignol qui cesse de chanter quand vient la mue, le jeune clerc perdit la voix en changeant de plumes. Il est vrai d'ajouter que, s'il ne parla plus, il agit beaucoup ! Ah ! la pauvre Élodie eut quelques mois d'un bien pur bonheur !

O fragilité du cœur humain ! Transformé par sa trop généreuse patronne, devenu le plus fashionable des clercs d'huissier de Paris, Saturnin n'eut même pas la fidélité de la reconnaissance. Il n'avait pas oublié la belle Blanche de Livry et se flatta, décrassé qu'il était, de parvenir jusqu'à elle. N'ayant jamais su comment Mme Pincecuir avait eu entre les mains les vers qu'elle lui avait attribués et auxquels il devait son bonheur, il imagina de les adresser encore à sa nouvelle idole, croyant à l'infaillibilité du procédé. En même temps, il lui demandait un rendez-vous.

Blanche, qui, comme je l'ai dit, n'avait pas oublié le premier distique, reconnut la pièce tout entière. Curieuse de connaître le monsieur doué d'un aussi prodigieux toupet, elle accorda la faveur qui lui était demandée. Saturnin se présenta, mais elle l'eut reconnu bien vite :

— Ah ! polisson, lui dit-elle, c'est vous qui me les aviez volés !

Et elle lui administra, de sa jolie main blanche, un soufflet qu'il emporta dans la rue, en se frottant la joue.

Cette simple histoire est pour apprendre aux poètes à ne pas voler les vers des autres, aux femmes à ne pas trop croire à leurs amants, et aux huissiers à ne pas tourmenter les jolies femmes.

III

CI-GIT JAQUOT

Il y a quelques mois encore de cela, c'était sur une tombe du cimetière Montmartre, particulièrement désolée et abandonnée, que ces simples mots se lisaient à grand'peine, les rouilles de la mousse les dessinant, seules, en jaune sale, sur la pierre fendillée et noire. Un peu plus bas, dans un coin, et écrite de la même encre passée, ces autres mots étaient tracés en moindres caractères : *Concession à perpétuité.*

Et quoi ! rien de plus ? Pas un regret, pas un adieu, pas une vertu à ce triste défunt ? Ni bon père, ni bon époux, ni bon oncle, ni bonne tante, rien ! rien ! rien ? Aussi les mausolées voisins, tous pimpants et entourés de jardinets galants, regardaient-ils avec un singulier mépris le misérable monument perdu dans les hautes herbes et avaient-ils l'air de se dire entre eux : « Qu'est-ce qui nous a fichu un pareil voisin ? » Vous savez, en effet, que lorsqu'on parcourt les inscriptions et épitaphes, répandues à profusion dans nos cités mortuaires, on est étonné de voir combien le monde est mieux composé qu'on ne le croirait au premier abord. C'est à se demander comment des huissiers et des procureurs ont pu trouver à vivre dans une société qui ne comptait que des gens irréprochables ou même sublimes. Réjouissons-nous donc de mourir ! C'est alors seulement, suivant toute vraisemblance, que nous commencerons à fréquenter la bonne compagnie.

Mais qu'avait donc fait ce Jaquot pour être seul déshérité de tout mérite au milieu de tant de morts estimables ? Mon Dieu ! rien du tout. Ç'avait même été un fort brave homme de son vivant, mais il avait eu le tort immense de ne laisser après lui que des neveux qui n'avaient pas trouvé son héritage aussi gros qu'ils l'espéraient et ces mauvais parents s'en étaient vengés en l'enterrant fort mal, et en le négligeant tout à fait après son enterrement. Encore regrettaient-ils amèrement d'avoir été obligés, par le testament, de lui offrir un gîte perpétuel et l'avaient-ils traité à cette occasion à la fois de prodigue et de crasseux, ce qui n'est pas le comble de la logique des adjectifs. Il y avait donc une vingtaine d'années qu'ils n'avaient fait la moindre visite à ce trépassé mélancolique, lequel dormait sous une forêt vierge de ronces que les araignées automnales tendaient de fils d'argent et de rosaces diamantées par la rosée.

Or, il advint qu'un jour une vieille dame, cachant sous un châle un petit paquet fort bien ficelé, s'arrêta devant cette tombe délaissée et se tapota le front du doigt comme frappée d'une idée subite. Après avoir regardé si personne ne la voyait, elle s'agenouilla parmi les gazons échevelés et revêches, se mit à creuser sourdement sous la pierre avec un couteau, fit un trou profond et oblique dans la terre, puis, avec un énorme sanglot dans la poitrine, y enfouit son mystérieux colis. Après quoi elle se mit à prier pour de bon, levant au ciel des yeux inondés de larmes et marmottant d'inintelligibles paroles à Celui qui comprend toutes les langues... y compris celle des perroquets.

Car le nouveau mort que la vieille baronne de

Castel-Mouillé venait de réunir au solitaire Jaquot, c'était — j'aime autant vous le dire tout de suite — son kakatoès favori, trépassé de male mort, il y avait déjà plus d'une semaine, pour avoir avalé une noisette dans laquelle un farceur avait remplacé l'amande par je ne sais plus vraiment quoi. En voilà un dont Mme de Castel-Mouillé aurait mangé le cœur avec une joie sauvage, si elle l'avait connu ! Car ce lui fut une peine épouvantable que la mort de ce bel oiseau qui assourdissait les voisins, pinçait les bonnes au sang, faisait ses excréments dans la soupière et était enfin un des plus aimables échantillons de sa race.

Elle avait d'abord médité de le faire empailler, mais ses hésitations à se séparer de cette chère dépouille avaient, au bout de trois jours, rendu l'opération impossible. Aucun naturaliste n'avait été assez enchiffrené pour l'accepter. Quelque temps encore et la pauvre dame fut contrainte de s'avouer à elle-même que son cher perroquet ne sentait plus bon. Ce fut alors que, le désespoir dans l'âme, elle l'enveloppa dans son plus beau mouchoir de batiste, le coucha dans sa plus élégante boîte à gants et l'emporta pour le déposer en terre sainte. En parcourant le cimetière Montmartre, elle découvrit la tombe abandonnée de Jaquot, lut ces mots dessus : *Concession à perpétuité,* en conclut que son mort ne serait jamais dérangé là et qu'il y ferait un bon somme. Vous savez le reste maintenant.

Dès le lendemain Mme de Castel-Mouillé présida, elle-même, à la toilette du monument qu'elle devait à la munificence des héritiers Jaquot. Elle amena des jardiniers qui dessinèrent un parterre, tout autour, sur la terre déblayée. Elle eut grand soin qu'on n'y laissât pas un seul brin de persil, mais y fit planter des roses, des géraniums et des bruyères en massifs ingénieux et symboliques. La pierre du mausolée fut soigneusement grattée et devint resplendissante comme un marbre, dans les cafés biens tenus. Puis la baronne revint tous les jours suivants, à la même heure, passer des heures entières à se souvenir !

Bientôt feu Jaquot, qu'elle n'avait pourtant jamais connu, mais dont elle lisait le nom sans cesse, s'identifia pour elle avec les mânes de son kakatoès. Il lui sembla que ces deux morts ne faisaient qu'un : une vraie paire d'inséparables. Si bien qu'elle en vint à trouver absolument inconvenant pour son oiseau le silence de cette tombe sans épigraphe. Elle manda le marbrier, et tous deux rédigèrent ensemble une inscription qui fut immédiatement tracée au-dessous du nom de Jaquot, et que voici dans son affectueuse simplicité :

IL CHANTA, IL AIMA, IL PASSA, ET SERA ÉTERNELLEMENT PLEURÉ

Au-dessous, des virgules simulaient des larmes dans le granit, et un joli petit sablier était traversé par deux faux, ce qui devait bien y gêner le passage du sable. Enfin, plus bas encore et en pendant à la mention : *Concession à perpétuité,* ces deux vers de Malherbe :

> Il était de ce monde où les plus belles choses
> Ont le pire destin...

Or, il advint que les neveux du vrai Jaquot furent amenés au cimetière par l'enterrement d'un ami. Ces gens sans cœur, qui méditaient déjà un excellent dîner chez le père Lathuille, pensèrent qu'un bout de promenade, entre l'enterrement et le repas, les mettrait en appétit. Aussi commencèrent-ils à parcourir les allées funèbres en s'arrêtant devant les tombes illustres pour faire un tas de réflexions déplacées, comme d'insipides bourgeois qu'ils étaient. L'une des demoiselles Jaquot-Mitouflard demanda fort sérieusement si le Cavaignac qui était couché là dans son manteau de bronze était celui qui avait assassiné Henri IV au château de Blois.

Son frère Honoré Jaquot-Mitouflard la reprit en lui faisant observer que c'était sur le Pont-Neuf, en marchandant des lorgnettes et presque au pied de sa statue que le roi Poule-au-Pot avait été frappé. La sœur cadette se préoccupa beaucoup de savoir si le David qui avait sculpté je ne sais plus quelle statue était le même qui avait écrit les Psaumes, composé le *Désert,* peint *l'Enlèvement des Sabines* et chanté les basses profondes à l'Opéra! — Ah! le joli tas de cancres que ces héritiers Jaquot! Vous ne pouvez pas vous imaginer combien je les déteste.

— Tiens! si nous allions voir l'oncle! s'écria Pancrace Jaquot-Laveyssière. Il me semble que sa boîte est par là.

— Au fait! répondirent en chœur les autres, nous pourrons y faire de l'herbe pour nos lapins.

Cette plaisanterie sacrilège eut un succès scandaleux, et c'est avec des propos semblables que ces neveux sans entrailles (quelle chance à l'époque des melons !) s'avancèrent vers le monument où dormait leur bienfaiteur en société d'un vieux perroquet.

— Ah ! mon Dieu !

Ainsi dirent-ils (toujours en chœur), en apercevant la tombe coquettement parée et posée dans un nid de verdure.

Et ils répétaient, comme des idiots :

— Jaquot ! Jaquot ! c'est pourtant bien ça !

Ce fut bien autre chose encore quand ils commencèrent à lire l'inscription due aux soins de Mme de Castel-Mouillé.

— *Il chanta !*

— Si on peut dire ! L'oncle avait la voix plus fausse qu'une seringue !

— *Il aima !*

— Ah ! le gredin ! Eh bien ! il était joli pour faire le débauché !

— *Il passa.*

— C'est bien ce qu'il a fait de mieux.

— *Il sera éternellement pleuré.*

— Ça, par exemple, des mouchettes !

Et de leurs poitrines méchantes s'exhala, dans un formidable tutti, cette proposition malveillante et calomniatrice :

— Ce n'est pas étonnant que ce pingre nous ait si peu laissé ; il avait une maîtresse ! C'est elle qui pare chaque jour son tombeau.

Et, comme de vilaines brutes, ils se mirent à couper les fleurs avec rage, à saccager le jardinet, à faire un tas de polissonneries sur la pierre.

Ils en étaient là de leur fureur iconoclaste quand Mme la baronne, qui marchait silencieusement et les yeux baissés, dans l'attitude du recueillement, apparut brusquement au tournant de l'allée.

— Malheureux ! s'écria-t-elle en accourant

Un ricanement infernal lui répondit.

— C'est elle ! C'est sa maîtresse ! clamèrent les goujats.

Et le chef de la dynastie des Jaquot-Laveyssière, qui était un Prudhomme de valeur, lui jeta ce seul mot avec mépris :

— Hétaïre !

Puis ces gens sortirent avec un grand air de dignité froissée, se reculant avec affectation de la pauvre femme qui réparait leur dommage en pleurant, et Mlle Désirée Jaquot-Mitouflard dit en passant la porte de la nécropole :

— C'est effrayant maintenant les gens qu'on est exposé à rencontrer dans les cimetières ! C'est à renoncer à se faire enterrer.

— Et elle avait bien raison, ajouta Jacques en terminant ce récit.

IV

MISS ÉDITH

— Vois-tu cette admirable femme à la chevelure d'or, qui passe dans un landau sombre, traîné par deux pur-sang irréprochables ?

— C'est une superbe créature, en effet.

— Actuellement la très légitime épouse de M. Cowley, de la maison Cowley et Samuel Land, une des premières du Nouveau-Monde. Ce Cowley a cinquante ans et est aussi riche que Job depuis l'invention du papier à cigarette, — car tu sais que le Dieu des Juifs a amplement réparé la fortune de son vieux serviteur. — Il est grand, sec, a le verbe haut et porte des favoris jaunes (M. Cowley, pas Job ni le Dieu des Juifs que je n'ai jamais vu). Dans l'aristocratie du madapolam, c'est un Montmorency ou un Rohan.

— Et cette belle fille a consenti ?

— Il eût fait beau voir qu'une ancienne saltimbanque fît sa sucrée devant des millions légalement offerts !

Et, comme je le regardais avec une stupéfaction douce et pleine d'interrogation :

— J'ai connu, continua mon ami Jacques, miss Édith à New-York, il y a quatre ans, et je puis, si tu le veux, te conter son histoire.

Aussi bien, c'était l'heure où les récits s'écoutent aisément, et nous nous assîmes, Jacques et moi, devant Tortoni, pendant que le soleil couchant donnait à la Madeleine l'air d'un immense aérolithe dont la chute a soulevé tout autour une poussière d'or. Dans cette buée de lumière qu'un vent léger semblait pousser sur les boulevards, les femmes traînaient derrière elles des lambeaux d'apothéose. Tel, et plus rayonnant que tous les autres, fuyait, dans mon souvenir troublé, le fantôme charmant de la promeneuse entrevue. Ma pensée ne la quitta guère pendant que Jacques m'en parlait comme suit :

Miss Édith était tout simplement la première trapéziste du monde. Qui ne l'a vue en maillot ignore la correction savante que peuvent revêtir les formes féminines par un exercice intelligent.

La Grèce nous a légué des femmes de marbre. L'Amérique nous envoie des femmes d'acier. Aucune exagération musculaire dans ce corps souple, aux élasticités violentes, aux raidissements soudains, aux mouvements précis comme ceux d'un mécanisme ; les bras eux-mêmes étaient restés d'un dessin impeccable et se terminaient par deux mains d'enfant. Quant aux jambes, elles rappelaient celles de la Diane de Gabies, les plus belles de la sculpture antique. Une autre merveille, c'était la nuque de miss Édith, une nuque rose avec des reflets d'ambre, nerveuse et jaillissant du cou comme un jet d'eau qui retombe. Car il s'en échappait une véritable gerbe de cheveux roulant un flot d'or sur ses épaules — le Pactole sur les cimes neigeuses d'un mont de Thrace.

Elle avait eu pour maître son oncle Jobson, ce monsieur respectable que tu viens de voir assis à côté du cocher et qui a l'air d'un marguillier protestant. Jobson, qui l'avait prise toute petite, en avait fait une gymnasiarque sans rivale, non pas en la rouant de coups — arrière la légende des saltimbanques tortionnaires ! — mais en la bourrant de sucreries et de liqueurs fines.

Autrefois clown distingué lui-même, et ayant

tenu sur la barre fixe un bon rang, ce burgrave de la « bastoude » n'était plus, quand je l'ai connu, que l'impresario de sa nièce. Sa part de collaboration dans les exercices de celle-ci consistait à lui jeter les trapèzes avec une sûreté d'œil tout à fait rassurante et à apporter les objets pesants sur lesquels sa force s'éprouvait.

Tels ils apparaissaient dans les grandes villes, annoncés par des affiches mirobolantes, effectuant des engagements proportionnés à l'importance des théâtres qui se les disputaient, et fort chèrement payés, ma foi, partout où il leur plaisait de donner une série de représentations.

Mais ce qui ne contribuait pas peu à augmenter la curiosité publique autour de cette étonnante personne, c'était sa renommée de sagesse. Les plus beaux et les plus riches avaient fait en vain à ses jolis pieds chaussés de cothurnes rouges des tapis de fleurs et de bijoux. Miss Édith avait foulé, du même pas plein de dédain, les roses et les pierreries, souriant d'une grâce implacable à ces outrages flatteurs.

C'était, pour tout le monde, la Jeanne d'Arc de la Nouvelle-Orléans.

Tu as bien deviné qu'Édith aimait.

Mais ne va pas croire à quelque idylle glissant dans ce monde d'oripeaux ses suavités mystérieuses, mêlant ses frissons de brise à l'haleine de cuivre des trombones et posant ses ailes blanches aux barres des trapèzes envolés. Miss Édith aimait comme peut le faire une personne dont l'éducation n'a pas développé les goûts romanesques et chez qui l'animal a mis doucement l'âme à la porte. Il n'y avait pas eu de place pour les rêves de jeune fille entre les rudes leçons de M. Jobson. Elle se cachait cependant pour aimer, non par pudeur, mais parce que si son oncle avait connu l'indigne objet de son choix, il lui eût probablement, pour la première fois de sa vie, administré une volée, l'austère tuteur qu'il était !

C'était, en effet, un clown affreux que M. Bobb Harris, malingre, efflanqué, d'une repoussante laideur, une grimace vivante, n'ayant, avec cela, aucune distinction dans ses facéties, mimant uniquement les grossièretés de la vie, ne faisant rire que la populace par ses ordures, le plus méprisable des paillasses, en un mot, et ayant, de plus, la réputation d'un homme sans aucune délicatesse avec les dames. Car il leur plaisait, le sagouin, avec sa grande bouche peinte en bleu, ses yeux écarquillés et brûlés, ses oreilles de faune et son horrible perruque à trois sommets en filasse rouge.

Comment Édith avait-elle pu s'éprendre de ce magot navrant? Comment un trésor de beauté était-il venu tomber aux pieds fourchus de ce satyre? Je ne me charge pas de l'expliquer, mais il me semble qu'il y a des siècles que Vulcain se venge des anciens dédains de Vénus, et que Polyphème prend sa revanche des duretés de Galathée.

Car elle l'aimait vraiment, follement, stupidement, la belle idiote qu'elle était! Croirais-tu qu'elle en était jalouse? Elle avait forcé à peu près Jobson à l'engager, ce monstre, sous prétexte que leur industrie avait besoin d'un élément comique. Bobb Harris voyageait maintenant avec eux, surveillé de près par son impérieuse maîtresse, rampant devant elle, mais clignant toujours de l'œil vers quelque infidélité.

Tel était l'état des êtres et des choses quand un drame vint en changer l'équilibre soudainement.

C'était à New-York, dans le plus beau des Alhambras, devant une foule qui s'écrasait les pieds silencieusement et en conscience. Miss Édith venait de traverser la salle tout entière en deux envolées, passant comme une comète dans une constellation de becs de gaz. Le rose sillon de son maillot et l'éclair de sa chevelure ardente avaient laissé dans l'air chargé de lourdes odeurs un frisson voluptueux. La fumée des cigares déroulait plus suavement ses volutes bleues sur le chemin de cette vision. La belle acrobate allait passer aux exercices de force. Déjà M. Jobson, habillé en artilleur de l'armée du Sud, écouvillonnait, avec un zèle belliqueux, une superbe pièce de quatre dont miss Édith, accrochée par les pieds à un trapèze et retenant le canon avec ses dents, devait supporter le recul.

Ce fut l'affaire d'un instant. La détonation fut formidable, et un tel nuage envahit la salle qu'un immense éternuement répondit au mugissement du tonnerre. Mais, dans ce nuage, Édith avait cru apercevoir Bobb Harris serrant de fort près une danseuse du prochain ballet.

Cependant ce n'était pas fini. Le plus beau restait à faire. Toujours en artilleur de l'armée du Sud, le vénérable M. Jobson venait de passer une solide ceinture autour de ses reins grassouillets. Cette ceinture portait par derrière un anneau et, par cet anneau, miss Édith, toujours la tête en bas, allait enlever son oncle et le faire tourner comme un tonton, à soixante pieds de haut, pendu à sa mâchoire. Il semble, au premier abord, que cet exercice exprime mal le respect qu'on doit à ses grands parents; mais c'est là qu'éclatait le génie plastique de cette admirable fille. Elle apportait à ce jeu une telle maestria et M. Jobson tant de dignité, que la chose semblait la plus naturelle du monde et qu'il n'était pas de neveu qui, au sortir de là, n'eût envie de balancer son oncle en lui mordant les fesses pour lui témoigner sa vénération.

Or, depuis plusieurs secondes déjà, M. Jobson, accroché aux incisives de sa nièce, tournoyait dans l'espace vertigineusement, quand miss Édith, ayant jeté un regard oblique dans les coulisses, vit très distinctement l'infidèle Bobb poursuivant sa rivale.

Le coup l'atteignit au cœur, et la secousse, troublant sa raison, lui fit tout oublier.

— Ah! fit-elle avec une effroyable explosion de douleur.

La malheureuse !

Elle avait ouvert la bouche et lâché son oncle dans l'immensité !

Un long cri d'horreur s'éleva de la salle.

Tout le monde se haussa sur la pointe des pieds pour voir le carnage. Les balcons débordèrent comme des treilles trop chargées.

A la place où M. Jobson avait dû tomber, une grande silhouette noire dessinait la forme de son corps. L'opinion fut immédiatement qu'il s'était si complètement aplati dans sa chute que ses membres n'avaient plus aucune épaisseur et que la pesanteur l'avait comme passé au laminoir.

L'horreur redoubla devant cette idée. Le rideau venait de se baisser.

Quelle ne fut pas la surprise de tous, quand, une seconde après, M. Jobson, en personne, vint saluer le public à travers une fanfare ! Sauf un pan de sa veste d'artilleur, qu'il avait perdu, il ne semblait endommagé en rien. L'enthousiasme fut à son comble.

Rien de plus simple, d'ailleurs, que ce hasard providentiel.

Pendant les exercices de miss Édith, on faisait jouer les trappes pour le ballet féerique qui devait les suivre. Or, à la place même où le malheureux canonnier était chu, une trappe était précisément ouverte, invisible, sous le large tapis qui couvrait le plancher.

M. Jobson avait tout simplement traversé ce tapis, qui, en résistant avant de se déchirer sous son poids, avait si fort amorti sa chute, qu'il s'était trouvé moelleusement assis sur la tête de Bobb Harris qui, dans sa course folle, passait justement dans les sous-sols.

Quant à miss Édith, sa terreur avait été telle, qu'en revenant à elle-même, elle n'éprouva plus pour Bobb Harris que haine et mépris. Elle lui fit donner son compte sur l'heure. Deux jours après, M. Cowley, qui aimait fort les excentricités, vint lui proposer d'être sa femme. Elle accepta, et tout le monde la dit miraculeusement fidèle à son opulent mari.

— Bonsoir, Jacques !

V

C'EST CE QUI VOUS TROMPE

Vous n'avez pas oublié, n'est-ce pas, notre excellent ami le commandant Laripète ? Lui avez-vous envoyé votre carte, seulement? Car il vient d'être nommé colonel dans une des dernières promotions. Un bon choix, après tout. Dix-sept campagnes, sans compter la petite maison qu'il possède à Bois-le-Roy, sur les bords de la Seine ; — cinq blessures, sans y comprendre les coups de canif qui décorent son contrat de mariage. Cependant, il les a plutôt reçus que donnés. Olympe, la belle colonelle, s'est mise à la hauteur de la situation. Les lieutenants lui suffisaient naguère ; il lui faut des capitaines maintenant. C'est ainsi que, dans le ménage, les deux époux sont montés en grade en même temps, et ce n'est pas seulement un galon de plus que le vieux soldat a mis à sa coiffure.

Un zèle nouveau leur est venu, à tous deux, de

leurs nouveaux devoirs. Laripète, qui n'a jamais plaisanté avec la discipline, en fait maintenant son unique souci. Il est, comme on dit, à cheval sur toutes les choses du règlement, du bon ordre et de la tenue, ce qui lui est, d'ailleurs, infiniment plus commode que d'être à cheval sur sa propre monture. Car il bedonne outrageusement, le bon officier supérieur ! Rien ne lui échappe des plus insensibles détails de l'obéissance passive et de l'uniforme. Comme l'a fort bien fait observer un ministre de la guerre de l'empire, si les fusils se chargeaient avec des boutons de guêtre, jamais nous n'aurions été vaincus. Laripète est encore de cette grande école du bouton de guêtre à outrance. Il aimerait mieux voir sa femme sans jupons qu'un soldat sans ceinturon astiqué. — Au reste, moi aussi.

S'il donne tout son temps à ses chères études, Olympe ne perd pas le sien. Le capitaine Chamberlot en sait quelque chose ; un brave aussi, le capitaine Chamberlot — mais l'homme, qui n'est pas de bois, comme l'a fait observer un sage, n'est pas de fer non plus. Les amis de Chamberlot prétendent qu'il est sur les dents. Si encore c'était sur celles de Mlle Samary, il aurait de quoi s'étendre à l'aise.

Tandis que de son bureau, qui donne sur le cours de Grenoble, le colonel médite l'invention d'une nouvelle poudre à faire reluire les fourniments, le capitaine et Mme Laripète causent dans la chambre de la colonelle, laquelle chambre est sise à l'autre bout du bâtiment et prend vue sur les jardins dont l'automne a jonché les allées de feuilles rouillées. O mélancolie des temps!

On a sonné quelque chose à la caserne, qui n'est pas loin. Moi, j'adore ces appels du cuivre! Le capitaine cesse brusquement l'entretien ; il sait que sa présence est nécessaire ; il est de semaine. Il se hâte ; il dit adieu. Il part ; il est parti.

— Allons! bon! Gaston a oublié son sabre au coin de la cheminée.

Ainsi se dit à elle-même la colonelle, en promenant nonchalamment, devant la glace, les dents transparentes d'un peigne d'écaille dans l'or vivant de sa lourde chevelure. Puis elle s'assied lentement sur sa causeuse et martyrise, du bout de ses doigts effilés, le cœur entr'ouvert d'une rose tombée de son corsage et qu'y avait posée tout à l'heure le galant Chamberlot.

Pendant ce temps-là, Laripète s'était mis vivement à la croisée. Il savait que le bruit du clairon emplissait le boulevard d'officiers et de soldats affairés, et il ne manquait jamais de passer ainsi sournoisement une petite revue. Il avait même un cahier de notes pour la circonstance. Aussi la première chose qui frappa ses yeux, ce fut l'absence du sabre de Chamberlot, qui, le plus innocemment du monde, filait d'un pied léger sur le trottoir dont la chaussée était bordée de l'autre côté.

Un officier de semaine sans son sabre ! Eh bien ! en voilà du joli !

Et ouvrant rapidement la fenêtre, le colonel exhala plusieurs *Pst!* formidables, jusqu'à ce que, le pauvre capitaine s'étant retourné, il lui fit signe de monter incontinent.

A la porte de son supérieur seulement, Chamberlot s'aperçut de ce qui lui manquait, mais il n'avait pas le temps de faire tout le tour de la maison pour aller reprendre son sabre chez la colonelle et, d'ailleurs, Laripète aurait pu s'impatienter et venir l'y chercher. Il préféra de beaucoup décrocher, à une panoplie qui ornait le bas de l'escalier, un des propres sabres du colonel et le boucler autour de ses reins. Quand il entra chez celui-ci, sa tenue était au grand complet.

— Nom de nom ! je me suis trompé ! pensa Laripète.

Et comme le capitaine lui demandait pourquoi il l'avait appelé.

— Rien ! rien ! mon ami, lui dit-il, une idée qui m'était passée par la tête... Je ne me souviens vraiment plus laquelle. Excusez-moi, je vous en prie.

Chamberlot salua et, en redescendant, eut grand soin de remettre à sa place le glaive qui venait de le sauver.

Oui ! mais il lui fallut repasser devant la fenêtre de Laripète et la stupéfaction de celui-ci fut au comble, en voyant de nouveau le capitaine désarmé. Il le dévora un moment des yeux, puis n'y tenant plus :

— Capitaine ! capitaine ! lui cria-t-il de toute la force de ses poumons. Remontez !

Chamberlot, qui avait maintenant trouvé le joint, n'hésita pas une seconde. Pour la seconde fois, il compléta son fourniment aux dépens de celui de son supérieur, avant de se présenter devant lui. Jamais il n'avait eu un plus beau sabre. Pour le coup, Laripète se frotta les yeux avec fureur, puis frappant du poing sur la table :

— Capitaine, dit-il à Chamberlot, je crois vraiment que je perds la tête, mais j'avais encore quelque chose à vous dire et je l'ai de nouveau oublié.

— Cherchez, mon colonel, cherchez bien !

— Non ! non ! inutile, poursuivit le colonel en mordant ses grosses moustaches. Quand ça me reviendra, je vous le dirai. Une excuse encore, mon cher Chamberlot. En vérité, je ne sais comment vous dire ma confusion.

Le capitaine rassura le pauvre homme, s'inclina et s'en fut se débarrasser, une dernière fois, de son sabre d'emprunt, pour courir, plus léger, à la caserne.

Or, pendant qu'il redescendait, Laripète, au comble de l'inquiétude sur l'état de ses facultés, avait mis nerveusement le doigt sur le bouton d'une sonnette électrique communiquant avec la chambre de sa femme. Celle-ci, réveillée en sursaut de sa rêverie par le tapotement du timbre, et craignant que quelque accident ne fût arrivé à son mari, accourut à toutes jambes. Dieu merci ! quand elle entra, le capitaine, qui avait à parcourir un long ruban de boulevard en ligne droite, était encore en vue. Le colonel traîna sa femme à la croisée :

— Madame, lui dit-il fiévreusement, en tendant le doigt vers Chamberlot, voyez-vous cet officier ?

Olympe pâlit affreusement. Son mari savait tout ! Avait-il découvert le nom de son amant ?

— Oui, fit-elle toute chancelante.

— C'est M. Chamberlot, n'est-ce pas ?

— Oui... M. Chamberlot.

Et la pauvre femme tremblait de tout son corps.

— Regardez-le bien !

Elle crut sa dernière heure arrivée et recula instinctivement.

Mais lui, la saisissant par la main, fiévreusement, et la ramenant sur place :

— A-t-il un sabre, oui ou non?

C'était trop clair. Elle recommanda son âme à Dieu et, jugeant qu'il était dangereux de mentir au seuil de l'éternité :

— Non ! fit-elle avec une fermeté résignée.

— Eh bien, madame, répondit le colonel du ton le plus calme et en mettant bourgeoisement ses mains dans ses poches, c'est ce qui vous trompe : il en a un !

— Celle-ci, me dit Jacques, je l'ai apprise au service.

VI

GUILLEMINE

Si vous aviez connu Guillemine, il est probable que vous auriez fait comme moi : vous l'auriez aimée le plus chastement, le plus bêtement et le plus inutilement du monde. C'est au moins ce que je veux croire, bien que, depuis le temps dont je parle, Guillemine se soit mariée et ait donné quatre enfants au plus heureux des maris. Mais elle avait au plus seize ans, à cette époque, et c'était bien la plus moqueuse personne qu'on pût rencontrer dans toute l'Ile-de-France, où les femmes sont cependant bien railleuses à leurs amoureux ! C'était une de ces demi-Parisiennes qui grandissent à l'ombre des villas dont la Seine est bordée, dans des familles presque patriarcales, entre un jardin anglais aux méandres profondément médités et quelque place plantée de tilleuls où les petits polissons viennent demander l'aumône le dimanche ; petites bourgeoises jouant à la châtelaine, massacrant du Chopin à l'occasion et peignant des fleurs à l'aquarelle. Mais avec quelle grâce elle faisait tout cela ! Elle avait l'air, elle-même, d'une Cérès au pastel, avec ses yeux d'un bleu presque opaque, mais extrêmement pâle, sa belle carnation de blonde rondelette, ses gerbes d'or clair nouées sur le front et son sourire qui semblait faire, au sillon de ses dents, une moisson d'enchantements. La délicieuse petite créature que c'était dans ses robes d'été échancrées, par le haut, courtes par le bas et sous son large chapeau de paille fine sur lequel trois cerises, moins rouges que ses lèvres, jouaient aux billes perpétuellement !

Nous étions cousins par la volonté de nos mères qui, élevées ensemble, avaient imaginé cette parenté. Nous étions cousins à la façon des rois qui n'ont pas une seule goutte du même sang dans les veines. Je crois bien que si j'étais entré dans la diplomatie, ce qui ne me paraît pas plus malaisé qu'autre chose, on me l'eût accordée un jour, bien que je n'eusse que deux ans de plus qu'elle et que sa plus douce occupation, à elle, fût de se ficher de moi. Mais j'étais cousin aussi de ces fils errants de Bohême que les pompes officielles et les splendeurs administratives tentent peu, race de fous et de meurt-la-faim qui donnerait des graines d'épinards, des chapeaux de cardinaux, des toges en hermine, des palmes d'académiciens et les grands cordons de toutes les chancelleries pour un rayon de soleil et une heure de liberté !

Ah ! le beau mari que j'aurais fait pour Guillemine ! Je suis sûr qu'elle ne m'aurait seulement pas donné deux enfants !

Et pourtant, j'en étais diablement féru de cette petite fée qui passait, dans mes rêves, les pieds mouillés de rosée matinale, et chantée, jusqu'en haut du ciel, par le chœur tremblotant des alouettes. Ces amours de collégien laissent toujours une charmante mémoire. Comme j'étais stupide, mais que c'était bon ! J'avais fini ma rhétorique et, n'en déplaise aux contempteurs du grec et du latin, ce n'est pas une odeur malsaine à l'âme que le parfum des idylles virgiliennes, et l'on fréquente dans la vie des gens beaucoup plus sots qu'Horace, des naturalistes beaucoup moins sincères que Théocrite. La blanche vision des Néère, des Amaryllis et des Galatée faisait délicieusement cortège, dans mon esprit, à cette aimable figure de Guillemine, tout empreinte cependant du charme moderne et de la grâce contemporaine. Est-ce que la femme n'a pas été, au fond, la même dans tous les temps et sous tous les cieux ? Est-ce qu'il y a eu plusieurs femmes ? Allons donc ! Il n'y en a eu, il n'y en a et il n'y en aura qu'une, celle qui torture encore, en nous, l'âme vieillie des races, après avoir livré Troie aux flammes et Samson aux Philistins. Libre à vous de ne pas l'aimer, moi je l'adore, et « *bran pour les sergents* » ! comme disaient nos bonshommes d'aïeux.

J'aimais donc Guillemine avec des chansons et des roses, à la façon du grand Syracusain, respirant une vague ivresse dans l'air où elle avait passé, baisant la trace légère de ses pas sur le sable, écrivant pour elle des vers que je n'osais jamais lui montrer (je les ai relus depuis et j'avais raison : ils sont mauvais), ramassant les brins d'herbe qu'elle avait meurtris au passage et faisant de toutes mes poches les reliquaires des mille riens qu'elle avait touchés.

Ce petit manège bénignement idiot ne semblait d'ailleurs lui causer aucun souci. Mais j'avais une manie qui la mettait prodigieusement en colère : c'était celle de tracer son nom partout, sur mes cahiers, sur la terre amollie, sur la grève mouillée, sur les pierres des murailles et sur l'écorce des arbres comme autrefois le bon Daphnis qui avait la naïveté de croire que les lettres grandissaient avec le végétal blessé. C'était vraiment plus fort que moi et les fureurs de ma belle cousine n'avaient pu me guérir de cette folie, qui me coûta cependant son amitié, comme vous allez le voir tout à l'heure — je n'ose dire : son amour, parce que n'étant pas diplomate, je ne pouvais prétendre à sa main. Soyons moral, Jacques !

O fête de Draveil ! jamais tu ne m'as revu sous tes ombrages, dans ta séculaire allée toute bordée de marchands ambulants, de charlatans de toute sorte, de débitants de gaufres, de somnambules et autres « *crieurs de saulce veste* », comme les appelait mon maître Rabelais (Dieu ait son âme pour se moins ennuyer au paradis !) Balançoires et chevaux de bois, tirs à l'arbalète et balances contrôlées, jeux de macarons et tentations de saint Antoine, témoins de mon infortune, avez-vous jamais, depuis ce jour-là, contemplé ma face pâlie ? Non, n'est-ce pas ? — Vous avez bien dit : Non ! Eh bien, vous êtes d'honnêtes et véridiques balivernes.

Jamais Guillemine n'avait été plus jolie. Sa fraîche toilette à ramages l'enveloppait d'un printemps de fantaisie aux capricieuses floraisons. Les trois cerises de son chapeau tentaient les oiseaux eux-mêmes et les gazons baisaient avec une volupté respectueuse les fines semelles de ses brodequins lacés sur le devant, suivant une mode adorable de ce temps-là. Je ne sais quoi d'exquis et d'attirant se dégageait de sa petite personne toute parfumée de santé et de jeunesse. Quand nous eûmes traversé la rivière, je vis positivement un goujon enthousiaste qui, pour la voir plus longtemps, la suivait à la nage dans le ruisseau du grand chemin. J'étais moi-même fort bien mis, culotté et vesté de noir, comme le plus correct des garçons de café. Ma cousine s'était arrêtée devant tous les bateleurs, avait grignoté à toutes les boutiques ambulantes, enfourché, au grand scandale de ma tante, tous les chevaux de bois (la délicieuse gamine que c'était !) et nous faisions une dernière station devant l'étalage d'un marchand de pain d'épice de chez Mme Baticle, — la grande renommée d'Essonnes ! — les doigts me démangeant horriblement d'écrire son nom sur quelque objet insensible. Pendant qu'elle acquérait, au plus juste prix, une demi-douzaine de petits cochons bien durs et bien rissolés, je m'approchai insensiblement d'une de ces piles de croquets, larges comme des fromages, minces comme des feuilles de papier et tout couverts de farine, que les polissons adorent et que les industriels de cette sorte posent sur un escabeau, en avant de leur exposition, pour tenter ces drôles. Là, du bout de mon index, je pus, dans la poussière blanche dont le premier était saupoudré, tracer les lettres adorées qui me brûlaient jusqu'à la racine des ongles.

Guillemine se retourna. J'eus honte de mon œuvre, peur de son courroux, et, pour l'empêcher de lire mon crime, je ne trouvai rien de mieux que de m'asseoir sur la pile de croquets.

— Eh bien ! ne vous gênez pas, mon garçon,

ça leur donnera du goût! me cria la marchande en accourant avec indignation.

Mais peu m'importait la fureur de cette femme mal élevée ! Ma cousine avait passé sans rien voir.

On faisait de la musique au salon, le même soir. Guillemine venait même d'écorcher, avec une cruauté particulièrement raffinée, une mélodie de Schumann. Je chantonnais moi-même assez désagréablement dès cette époque, avec une voix tout encotonnée des petites plumes de la mue. J'avais un jeune moineau là où l'Alboni avait, dit-on, un rossignol. J'ouvris la cage tout de même et j'exhibai, au milieu du silence général, une romance de M. Nadaud, je crois, dont le premier vers est :

A leur balcon trois belles filles.

Quand j'arrivai au refrain que voici :

Le nom de la brune est Marie,
L'autre est Anna, sa blonde sœur ;
Mais la troisième est mon amie :
Je garde son nom pour mon cœur.

Je crus utile de faire un effet sur ces derniers

mots, et, me retournant un peu pour regarder amoureusement Guillemine, je me penchai doucement vers elle en développant avec une grâce infinie la chute de mes reins.

Un éclat de rire général retentit derrière moi. Ce fut une hilarité foudroyante, une tempête de hoquets joyeux où l'on eût cru entendre pondre des poules, barboter des canards et sonner les trompettes du jugement dernier. Ma cousine se leva brusquement, fit le tour de ma personne, fondit sur moi et, me pinçant au sang :

— Que je ne vous revoie jamais ! me dit-elle d'une voix qui suffoquait.

J'étais atterré ! Je ne sus que plus tard !... Lorsque je m'étais assis sur le maudit croquet où était tracé le nom de Guillemine, la partie restée couverte de farine avait déposé une véritable lune blanche (*bis in idem !* pour cette fois) au fond de mon pantalon, et, sur ce décor polaire, les lettres par lesquelles le pain d'épice avait été mis à nu ressortaient en noir, de façon à écrire sur mes fesses, au rebours, mais très visiblement pourtant, le nom de ma bien-aimée !

Guillemine tint parole à sa colère et ne me pardonna jamais !

Après tout, je m'en moque : on ne me l'aurait pas donnée, parce que je ne suis pas diplomate !

Et Jacques alluma une cigarette.

VII

INSTITUTION DE L'ORATEUR [1]

« Mon cher député,

» Permettez-moi de faire appel à votre bienveillance éprouvée et au souvenir de nos cordiales relations pour vous présenter mon fils. Jacques a vingt-deux ans et vient d'achever son droit. C'est un garçon sérieux, instruit, aimant l'étude. Étant donnée sa fortune indépendante, j'en voudrais faire un homme politique. Il a du jugement, de l'expansion et l'élocution facile. Ce sont des qualités précieuses chez un homme de tribune. Mais a-t-il le souffle ? Voilà ce que je vous prierai de juger, vous, un des maîtres de la

---

1. C'est après une lecture approfondie de Quintilien que j'ai écrit ce récit. Il ne serait donc pas surprenant que quelque pensée sublime ou quelque expression admirable de l'auteur latin s'y fût glissée. Je vais au-devant d'une accusation de plagiat en dénonçant moi-même le fait.

parole, et votre amitié me sera toujours garante de la sincérité de vos impressions.

» Agréez, mon cher député, pour madame de Monestié et pour vous, l'hommage de mes respects.

» Votre tout dévoué serviteur,

« Perrolade. »

« *Castelbajac, le* 15 *juin* 1859. »

C'est muni de cette lettre de son père, le vénérable président du tribunal de Castelbajac, que Jacques fit son entrée chez le député de son arrondissement, M. Monestié ou de Monestié — car l'un et l'autre se dit ou se disent — au château de la Mirandole, en l'an de grâce dont la lettre qui précède est datée. Il y reçut l'accueil le plus flatteur, et une invitation à dîner pour le jour même.

Et maintenant, deux mots de son hôte, si vous le voulez bien. Fils d'un fesse-mathieu mort en odeur de sainteté, Monestié, avocat à Paris, avait dû son élection au Corps législatif au massacre d'un nombre considérable de veaux et à une consommation effroyable de salade arrosée de petit bleu. La souplesse connue de son caractère lui avait valu l'attache de candidat officiel. A la Chambre, c'était un de ces bavards qui ont toujours à demander, pour leurs électeurs, un viaduc qu'on leur refusera toujours. Vaniteux comme tous les parvenus, il avait épousé une fille noble et sans dot qui professait, à son endroit, un mépris revêtu des formes les plus aimables, une belle créature, d'ailleurs, qui avait le nez en l'air des femmes de tempérament et dont les épaules avaient été remarquées aux Tuileries. N'ayant pu entrer sérieusement dans l'aristocratie par son mariage, il tentait d'y pénétrer, en la compromettant, par la porte secrète des amours, et, au moment où commence cette histoire, il faisait une cour assidue à la belle comtesse de Romainville, qui n'avait que quarante ans pour son compte personnel, mais possédait des aïeux infiniment plus âgés. Quand vous saurez maintenant que Jacques était un beau garçon, d'aspect robuste et d'une éclatante santé, eh bien, je n'aurai vraiment plus rien à vous apprendre, et vous obtiendrez aisément de l'évêque d'Andrinople une lettre d'obédience pour aller instruire les petits Zoulous.

Au dîner que j'ai annoncé plus haut, Jacques fut mis à la gauche de la maîtresse de la maison, tandis que Mme de Romainville occupait la droite de M. Monestié.

Nous ne parlerons pas, si vous le voulez bien, du reste des convives, du *servum pecus* des invités, de ces figurants de la table qui disent : « Exquis ! » après chaque plat, et ont, dans les repas, un rôle exclusivement digestif.

J'aime bien mieux vous conter qu'au rôti Jacques sentit sa jambe droite comme perdue dans le frissonnement d'un nuage, Mme Monestié ayant exécuté une savante manœuvre de jupon. A la salade, il lui sembla qu'un éclair de chaleur passait dans ce nuage, et que le tonnerre, un tonnerre charmant chaussé de satin bleu, s'abattait sur le bout de son pied.

Le reste du festin ne fut plus qu'une causerie muette entre sa voisine et lui, un prodigieux bavardage à coups de genou, de talon et de cheville, une série d'aveux et de promesses.

Et, pendant ce temps-là, un dialogue tout pareil s'était installé entre M. Monestié et la sémillante comtesse, mais ponctué par quelques mots échangés sous l'éventail, d'un sens beaucoup moins vague, où les demandes étaient précises et les réponses claires ; si bien qu'il en sortait un rendez-vous très prochain, sous les allées du parc, à l'heure où les chastes étoiles retirent leur loup de velours bleu pour montrer leur front d'or aux poètes et aux amants.

Jacques n'en était pas encore là avec la femme appétissante de son amphitryon. Mais, un instant après, dans le petit salon que l'haleine du café emplissait d'aromatiques zéphyrs, il risqua bel et bien une déclaration qui fut écoutée sans colère. Elle était à peine achevée qu'il se trouva face à face, derrière la portière, avec M. Monestié qui lui jeta un mauvais coup d'œil, tandis que la comtesse s'en éloignait vivement.

— M'aurait-il entendu ? pensa le jouvenceau.

Monestié pensait bien à autre chose !

Et, résolu à ne pas commettre, le soir même, une nouvelle imprudence, Jacques se perdit dans le groupe des fumeurs, puis descendit brusquement le perron du jardin, le front plein de rêves charmants et de terreurs folles, se voyant déjà le héros d'une galante aventure et baisant, sur sa propre main, le parfum léger qu'y avait laissé la main de sa belle hôtesse.

Éole, dieu des souffles de la nuit, dieu rapide qui franchis les espaces d'azur, une petite flûte à la main et le front couronné de fleurs de haricot, dieu des musiques solitaires et des sidérales confidences qu'échangent les astres sous forme de nuées odorantes, toi qui fus clément à Ulysse proscrit, ne le sois pas moins, doux Éole, à l'imprudent qui commença cette difficile histoire sans t'avoir invoqué trois fois, suivant les rites, et sans avoir soupiré des psaumes au pied de tes autels !

Donc, Jacques, subitement transformé en petit-fils de Rubempré, se promenait, plein de douces fièvres, sous les hauts platanes dont les souffles du soir secouaient les têtes argentées. Un grand mystère régnait dans ce coin du parc, où le silence n'était troublé que par le lent murmure d'une fontaine, dont un petit amour en jardinier éparpillait l'eau dans une coquille. Jacques se croyait parfaitement seul dans cet endroit si propre à la rêverie. Il lança d'abord quelques hémistiches embrasés vers la lune; puis son inspiration prit un autre cours et, tout en marchant à grands pas, il égrena les bruits les plus étranges au bec des rossignols indignés. Ce fut un chapelet d'interjections furibondes, un feu de tirailleurs embusqués dans les buissons.

Fi ! le vilain ! A deux pas, derrière la charmille, Monestié venait de tenter auprès de la comtesse un effort d'éloquence décisif. Il semblait que l'heure du triomphe eût sonné pour lui, quand commença le feu d'artifice. A la première bombe, Mme de Romainville rougit ; elle fit un petit geste d'horreur à la seconde ; à la troisième, elle se pinça les lèvres au sang ; à la quatrième, elle se leva et s'enfuit, en étouffant de son mieux ses éclats de rire. Car les gens les mieux élevés ne résistent pas à l'effet comique de ces cantilènes, quand elles se produisent avec quelque opportunité. Ici c'était tout simplement la vertu qui était sauvée. Une conférence d'un prédicateur en renom n'en eût peut-être pas fait autant. O Rabelais ! que de sagesse et que d'innocence dans tes gauloiseries proscrites par la pudibonderie des dépravés !

Quant à Monestié, il n'avait pas ri, mais il était entré dans une colère telle qu'il était blanc comme un linge quand, sur les premières marches du perron, il se trouva nez à nez avec Jacques qui revenait de son concert. Le législateur ne sut pas se contenir. L'homme politique manqua de mesure.

— Monsieur, dit-il furieusement à son invité, ce que vous avez fait est monstrueux.

— Je suis à vos ordres, monsieur, répondit Jacques avec une dignité froide, comme il sied à un homme à qui un mari jaloux cherche querelle.

— A mes ordres ! Vous voulez rire ! Si vous croyez que je me bats pour ces choses-là.

— Je vous plains, monsieur, si vous ne vous battez pas pour « ces choses-là », répliqua Jacques avec plus de dignité encore.

Et se dirigeant vers la porte :

— Nous nous reverrons quand vous voudrez, monsieur !

— Jamais, s'il vous plaît, monsieur.

Et M. Monestié rentra sur ces fières paroles.

Le lendemain, l'excellent président Peyrolade recevait ce billet:

« Mon cher président, votre fils est charmant, mais, comme vous me l'aviez annoncé, il est prodigieusement expansif. Je n'ai pas pu juger s'il serait orateur, mais, soyez tranquille sur un point: ce n'est pas le souffle qui lui manque. Au contraire. »

— Ah! ça diable, qu'as-tu fait à Monestié? demanda le magistrat à son fils.

Jacques avoua qu'il avait fait la cour à la femme de son député. Peyrolade, qui était un bon diable, fut charmé de cette nouvelle; car il n'est guère de père qui ne soit fier des succès de son fils.

Aussi raconta-t-il partout que ce pauvre Monestié était épouvantablement cocu.

Quelque temps après, il ajouta que Monestié avait été, du premier coup, jaloux de son fils, en qui il prévoyait un rival politique ayant plus de souffle que lui.

Et de fait, deux ans après, Monestié n'était plus député et Jacques l'était à sa place.

— Ce que c'est que d'être poussé par un bon vent! disait quelquefois le vieux Peyrolade, orgueilleux de son rejeton.

VIII

LA THÈSE DE CLODOMIR

En ce temps-là, il y avait encore un quartier latin.

Oh ! ce n'est pas que je le pleure ; j'ai revu, il y a quelques mois, au Vaudeville, dans une reprise de la *Vie de Bohême*, les héros et les héroïnes de son historiographe, le doux Murger, qui n'a pas volé le surnom de *Polyte* Musset. Cette belle jeunesse, dont le plus noble souci est de détrousser les rôtisseurs et de tailler de maigres côtelettes dans les « franches lippées » du vieux Villon, était faite pour réjouir les ordonnateurs d'un régime qui avait tout à craindre de plus hautes inspirations, mais elle ne m'intéresse guère. J'ai connu Mimi obèse de santé, et Musette bête comme une oie. Au reste, le quartier latin que j'ai connu n'était que la queue de celui-là, une vieille queue épilée et poudreuse. Mais il avait encore sa rue de la Harpe, à preuve que mon ami Clodomir et moi nous la montions, par une belle gelée, le soir où commence cette histoire. Un drôle de garçon, ce Clodomir. Confiant et sournois tout ensemble, parlant volontiers de ses travaux et jamais de ses amours. C'était ce qu'on appelle un piocheur à l'École de Droit, c'est-à-dire un gaillard qui travaille régulièrement ses deux heures par jour et méprise la paresse des gens de lettres. Il venait d'achever sa thèse; il portait triomphalement le manuscrit sous son bras et m'en citait les passages les plus heureux, avec une déplorable complaisance.

Il avait pris pour texte la propriété, et la défendait par des arguments que Proudhon lui-même n'avait certainement pas prévus. Ainsi il démontrait victorieusement que cette belle institution était l'unique garantie que possédât la misère, le seul gage sur lequel elle eût moralement hypothèque. Car si personne n'avait de bien, personne ne pourrait donner. C'était limpide comme l'eau de roche et idiot comme un calembour. Mais le sujet était sympathique et les points de vue étaient nouveaux. Nul doute que les professeurs qui l'allaient juger ne lui reprochassent la hardiesse de ses vues; mais comme cette audace était toute dévouée à la morale, ils ne manqueraient pas de lui en savoir gré dans le fond. Clodomir se destinait à la magistrature et ses notes d'examen lui tenaient beaucoup à cœur. Au bas de son travail, il en avait écrit le résumé en gros caractères destinés eux-mêmes à être reproduits en formidables italiques. C'était un simple axiome ; le voici : — « La propriété, c'est le fondement de la société. »

Il y avait bien une bonne demi-heure que je ne l'écoutais plus quand nous nous quittâmes. Je ne lui demandai pas où il allait ; jamais Clodomir ne répondait à cette question. Il était alors huit heures environ et je me dirigeai vers l'institution Bullier, dont je suivais volontiers les cours du soir, pour adultes.

L'automatique Desblin secouait sur la foule les mesures saccadées d'une polka. Je pense encore quelquefois à ce phénoménal orchestre dont l'instrument le plus discret était le trombone. Je lui dois d'avoir entendu, sous forme de mazurka, la *Romance de la Rose* écrite pour grosse caisse.

M. de Flotow lui-même en eût été émerveillé. C'était le morceau favori de cette pauvre *Voyageur* qui promenait, dans ces triviales débauches, un front de courtisane royale. *Camille Pompier* préférait l'*Adieu* de Schubert arrangé en valse. Quant à la petite *Rosalba*, elle se pâmait littéralement au quadrille dont la pastourelle avait pour motif favori une phrase de la *Symphonie en ut mineur* de Beethoven. Que nous aimons la musique en France ! C'est bien le moins que je le constate, en passant, pour l'honneur de mon pays !

C'était une soirée comme toutes les autres, médiocre même dans ses réjouissances, parce qu'il y avait bal masqué le surlendemain et que les personnes prudentes s'étaient réservées pour cette solennité. J'en étais à ma trente-deuxième cigarette, quand une belle fille passa près de moi, riant très fort malgré ses yeux rouges et cherchant visiblement à étourdir quelque mystérieuse douleur. N'imaginez pas, au moins, une grisette au nez en l'air, au menton mutinement troué : j'ai toujours eu horreur de ces beautés du diable et des femmes dont on vante la physionomie. Celle-ci avait les traits réguliers et fins, le front bas, le nez long et droit, les yeux écartés comme ceux de la Minerve ; seules, ses lèvres un peu épaisses manquaient de race, mais elles étaient rouges comme une fleur de sang. Je lui offris la première chose venue et nous nous attablâmes, avec le sans-façon sans lequel on se ferait remarquer en pareil cas. Ah ! nous en fûmes bien vite au chapitre des confidences. Elle devait trois mois à l'horrible vieille qui lui louait en garni une petite chambre sans fleurs ! Celle-ci ne voulait pas lui laisser emporter ses effets. Et ce qu'elle avait été bonne pour cette vieille ! Elle l'avait soignée comme une fille !

— Sais-tu, me dit-elle, ce que tu ferais si tu étais bien gentil ?

— Pas du tout.

— Voici : Tu m'aiderais, cette nuit, à enlever mes affaires. A deux, ce serait simple comme tout. Ma clef est la première au tableau qui est dans la loge du concierge, à droite. En entendant les pas d'un homme, celui-ci ne regarderait pas. Tu monterais deux étages : — c'est à gauche. — Tu entrerais ; tu ferais un paquet de mes nippes, et tu me les passerais par la fenêtre avec une corde.

Eh bien ! et les théories de mon ami Clodomir sur la propriété ?

J'ai glissé rapidement sur le récit de ma lâcheté. Après une résistance qui n'eut rien de comparable à celle que les Turcs opposent actuellement aux projets de l'Europe, je consentis à tout ce que voulut Olympe, — car la belle fille m'avait dit son nom ; — je suivis exactement ses instructions. Après tout, les prétentions de cette vieille étaient insoutenables ! Réclamer trois mois de loyer à une personne qui lui avait été si dévouée ! mais, en bonne justice, c'est nous qui avions le droit de lui réclamer nos honoraires de garde-malade ! C'est très dégoûtant de soigner les personnes d'âge, et trois francs par jour sont un maigre salaire ! Nous étions refaits de quatre-vingt-dix francs, c'était clair comme le jour. — Aussi avec quel enthousiasme enveloppai-je dans un jupon les « frusques » de ma bien-aimée ! J'avais envie d'emporter la pendule et les patères, pour donner une bonne leçon à cette harpie. Mais je me rappelai à temps la thèse de mon ami Clodomir. Je fus délicat jusqu'au scrupule : je laissai les quatre murs intacts.

— Merci, me dit-elle quand je la rejoignis.

Et un baiser fou fut ma première récompense.

— Vite une voiture, maintenant !

Dix minutes après, ma compagne et moi étions déposés, par un fiacre, devant la porte d'un petit hôtel borgne de la rue Saint-Jacques, qu'Olympe connaissait et où elle avait logé déjà.

— Là, me dit-elle, ce sont de braves gens, et puis on vous cire vos bottines.

Au moment de nous installer, Olympe regarda d'une façon singulière le gros paquet que je lui avais jeté et que nous n'avions pas encore défait. Elle le prit, l'ouvrit, changea de couleur, fit un geste d'impatience, puis éclata de rire.

— Gros étourdi, me dit-elle, vous vous êtes trompé de chambre !

— Hein ?

— Aucun de ces effets-là n'est à moi. Vous avez déménagé une voisine !

— Mon Dieu ! est-ce possible ?

— Parfaitement. Au reste, ajouta-t-elle avec une philosophie charmante, si ces nippes me vont, il n'y a pas grand mal. Elles valent à peu près les miennes. Et puis, quand nous nous ferons de la bile, il est impossible de les reporter, n'est-ce pas? La propriétaire nous ferait arrêter. Hé ! vogue la galère !

Et, sur ce dicton marin, Olympe essaya sa nouvelle garde-robe, la trouva à son gré, se remit à rire, m'embrassa de plus belle et n'y pensa plus.

Et maintenant, si vous le permettez, je vous mettrai à la porte de notre chambre.

Deux jours après nous étions brouillés. Elle m'avait déclaré que je ne la retrouverais plus le soir, et moi j'avais pris le parti d'aller au cours, pour tuer le temps et oublier mon chagrin. En en sortant, j'aperçus Clodomir, pâle comme un mort et qui semblait véritablement affolé.

— Qu'as-tu ? lui demandai-je.

— Ah ! mon ami ! ma thèse !

— Eh bien !

— Eh bien, j'ai perdu le manuscrit. Impossible de faire imprimer ! Je suis au désespoir ! Je vais me jeter à l'eau !

— Mais comment as-tu fait, malheureux ?

— Les femmes, mon cher ! toujours les femmes ! En te quittant, l'autre soir, je fis la sottise d'aller voir une ancienne maîtresse. Elle me demanda de lui faire faire un tour au Bois. J'avais laissé le manuscrit dans sa chambre.

Quand nous sommes revenus, mon ami, des malfaiteurs avait dévalisé chez elle ! Tous ses vêtements lui avaient été volés, et, avec ses vêtements, ma thèse ! ma pauvre thèse que j'avais laissée stupidement sur la cheminée !

Un éclair me traversa l'esprit. Dans le déménagement d'Olympe, je me rappelai parfaitement un rouleau de papier que j'avais emballé avec tout le reste, et que nous n'avions plus regardé depuis.

— Où demeure cette dame ? demandai-je à Clodomir.

— Rue Dauphine, 27.

— Ah ! mon ami, m'écriai-je, nous sommes sauvés, et la thèse te sera rendue.

Sans lui rien expliquer — car il m'aurait blâmé sévèrement — je le priai de m'attendre au café. Je courus rue Saint-Jacques ; mais Olympe avait tenu parole : elle avait quitté la maison une heure auparavant. Comment la retrouver ? Je fis les combinaisons les plus sublimes ; je me démenai comme un fou ; je fis cinq fois le tour du quartier. Rien ! rien ! rien ! Je dus avouer à Clodomir ma déconvenue et la sienne.

— Viens à Bullier, cette nuit, lui dis-je. C'est bal masqué. Nous la retrouverons !

Quel effroyable vacarme ! Pour la circonstance, l'automatique Desblin s'était adjoint une grosse caisse de renfort. C'était un fourmillement sous une tempête, un écrabouillement dans la fumée. Chaque masque devenait le centre d'un groupe et tous ces groupes se heurtaient comme des toupies. Une bordée de vivats et d'éclats de rire nous attira ; une femme venait de faire son entrée avec un déguisement tout à fait original, un déguisement fait uniquement avec du papier. Nous fendîmes la foule. La femme portait un loup sur le nez, mais, à sa bouche, je la reconnus du premier coup : c'était Olympe ! Je m'approchai vivement ; je regardai de plus près son accoutrement. Tout ce papier était griffonné, et sur la partie la plus saillante de sa belle personne on pouvait lire, en grosses lettres, le fragment mutilé du dernier axiome de la thèse de Clodomir : *La propriété, c'est le fondement.....*

— Voulez-vous vous taire, Jacques.

IX

LE FAUX ERMITE

Et Jacques commença ainsi, le menteur qu'il est :

— Nous autres, gens de province, — car j'ai quitté Paris depuis six jours et je parle déjà si correctement gascon que mon accent est remarqué même à Toulouse, — nous n'entendons rien à la complication raffinée de vos histoires boulevardières, et nos âmes innocentes s'effarent à la rouerie épouvantable des choses de ce temps. En revanche, et lorsque quelque héritage en litige ne nous force pas à déchirer nos proches à belles dents, ce qui perpétue parmi nous les traditions de la famille, nous aimons fort à conter quelque aventure que ces brouillards du passé enveloppent d'une lumière argentée d'apothéose, quelque beau mensonge d'aïeul que les générations se sont légué, et cela, surtout quand le paysage qui est devant nous donne un décor vivant à ces choses mortes, une réalité de détails à ces inventions d'autrefois.

Voilà comment la seule contemplation d'un bouquet de verdure sombre pendu, comme une chevelure, au front d'un roc surplombant un grand trou creusé dans la montagne, le tout perché très haut et seulement accessible par des sentiers très escarpés, m'a mis dans l'imagination ou remis dans la mémoire — car ces choses-là se confondent souvent de la meilleure foi du monde — une légende d'une naïveté parfaite et qui vous consolera peut-être, comme moi, des vilenies ambitieuses du présent.

Il y a deux siècles — trois si vous voulez — car je ne chicane jamais sur les dates, ayant toujours pensé que tout pouvait arriver en tout temps, ce qui fait que les romans sont tout simplement de l'histoire surnuméraire attendant une position sociale ; — il y a deux ou trois siècles, dis-je, vivait dans ce trou ombragé, qui ouvre une bouche d'ombre au visage renfrogné de la montagne, un ermite tout à fait célèbre par sa sainteté. Là, dans une solitude que troublait seulement parfois le vol plongeant des orfraies, le pieux homme, dont la barbe vénérable était à elle seule un complet, puisqu'elle le couvrait du menton aux genoux, se consumait en dévotion véhémente à l'endroit de saint Carpolin, un bienheureux dont la spécialité était de donner des enfants aux dames qui en souhaitaient, et cela par des moyens miraculeux et purement spirituels, car sans cela les maris de ces dames n'eussent pas trouvé, comme elles, la chose vraiment admirable. Le Père Barnabé, d'ailleurs, avait toujours vécu dans une telle innocence des choses de ce bas monde qu'il n'était pas convaincu qu'on se pût faire une race autrement que par une divine intervention. Il traitait de bêtises les insinuations indécentes que des impies avaient hasardées quelquefois devant lui pour le scandaliser, ce qui était, ma foi, une bien méchante besogne.

Or, juste dans le même temps, une veuve de grand nom et de belle renommée, descendant de Clémence Isaure, je ne sais plus au juste comment, habitait Toulouse avec ses deux filles Agathe et Sabine, deux miracles de beauté : l'une brune comme un soir de vendanges et l'autre blonde comme une aurore de moisson ; celle-ci faite d'avenance enjouée, et celle-là de fierté douce, de grâce toutes les deux, renommées jusqu'à Saint-Gaudens, où l'on s'y connaît, pour leur distinction naturelle et le charme de leur causerie. Agathe était mariée depuis trois ans à un jurisconsulte fort savant, M. de Courtdéduit, et se trouvait justement dans le cas des personnes qui avaient besoin de recourir à l'intercession de saint Carpolin, car Sarah elle-même n'avait pas été moins féconde que cette belle fille au clair sourire, aux yeux troublants. Comme elle avait un caractère excellent, elle n'accusait personne et n'en faisait pas plus mauvaise mine pour cela à son légiste de mari.

Sabine, elle, n'avait pas plus d'enfants que sa sœur ; — mais il y avait à cela une raison meilleure : — elle était encore demoiselle, très recherchée, il est vrai, par le beau vicomte de Haut-Castel, capitaine de son état, et le plus élégant cavalier dont la Garonne ait réfléchi le panache, un jour de revue, dans le grand pré de Saint-Cyprien. Malheureusement le galant officier n'avait pour toute fortune que son épée et quelques hypothèques sur une maison en ruine. M. de Courtdéduit, très positif en toute chose, excepté en paternité, avait dissuadé tout le monde de ce mariage, si bien que, d'une part, Sabine et, de l'autre, le vicomte, se consumaient dans un amour sans espoir pâlissant dans de mélancoliques rêves ; perdant le manger et le boire, ce qui est bien pis encore ; n'ayant plus goût, celle-ci à ses chiffons, et celui-là à ses épaulettes ; regardant l'eau jaune du fleuve avec de sinistres idées dans la cervelle. Tout le monde a connu de ces martyres-là.

Par une coïncidence de faits bien étrange, ma foi, le même jour de la même année, Agathe et sa mère décidèrent qu'elles iraient consulter le père Barnabé sur la montagne, et emmèneraient Sabine pour la distraire de son chagrin. Le pieux ermite, ayant éprouvé le besoin d'aller faire ses dévotions à Rome, confia à un officier de rencontre une lettre par laquelle il priait un capucin de ses amis de le remplacer auprès de saint Carpolin, et le capitaine de Haut-Castel demanda un congé à son colonel, qui le lui accorda avec joie, sachant quelle peine il avait au cœur et craignant que le service du roi n'eût quelque jour à en souffrir.

Ce fut une chose édifiante vraiment que la neuvaine que firent ces dames à l'autel du bienheureux dont la sagesse répare les erreurs de M. de Foy. Elles ne connaissaient pas auparavant le père Barnabé, mais elles furent tout à fait charmées de la douceur de ses façons et de la prudence de ses discours. Il savait prendre avec elles, de temps en temps, des airs mousquetaire qui convenaient à ravir à sa mâle figure, jeune encore dans son encadrement grisonnant et touffu. Elles admirèrent sa voix sonore et émue comme celle d'un homme de vingt ans. Il eut d'ailleurs pour ses nobles visiteuses des égards tout particuliers. Pendant qu'Agathe et sa mère égrenaient des rosaires dans la mélancolie de la grotte, qu'éclairait seule une petite lampe d'argent, il emmenait volontiers Sabine dans la montagne pour lui apprendre à connaître des simples salutaires. On m'a même affirmé que la liqueur dite chartreuse ne fut pas inventée autrement. Sabine, qui avait un esprit sérieux, prenait un goût croissant à ces utiles promenades. Elle, d'ordinaire frileuse et pleine de paresses matinales, se levait dès l'aurore pour aller courir, avec le bon père, les sentiers emperlés de rosée d'où montaient d'aromatiques et bienfaisantes odeurs. C'était merveille de la voir disparaître derrière les buissons fleuris comme une biche effrayée, et rien n'était plus touchant que la sollicitude de son guide, sans cesse attaché à ses pas, la suivant comme une ombre et semblant prendre part à ses joies de belle fille échappée dans un coin riant de nature et sous un pan bleu de matin.

Cela dura ainsi une semaine et un jour, temps rapide aux âmes croyantes d'Agathe et de sa mère, plus rapide encore au cœur rajeuni de Sabine dont le chagrin semblait tout à fait oublié. C'est donc fort joyeusement, avec un bouquet d'espérances sous le front, qu'on revint à Toulouse, après avoir assuré le père Barnabé d'une éternelle reconnaissance.

Cinq mois après, l'intervention efficace de saint Carpolin était manifeste. Une des deux sœurs en avait éprouvé les fruits. Seulement, comme si le pauvre saint se fût trompé, ce n'était pas Agathe, mais Sabine sur qui étaient tombées ses faveurs !

Cela ne fit pas tout à fait le même effet dans la famille.

Comme vous êtes tous des malins, je ne perdrai pas mon temps à vous raconter ce que vous avez deviné déjà, à savoir que M. de Haut-Castel, à qui le père Barnabé avait malencontreusement, et par un hasard funeste, annoncé son départ et confié la mission destinée à son confrère, avait fourré la lettre dans sa poche et s'était, à la faveur d'une fausse barbe, substitué au capucin. Ces ruses d'amour sont anciennes et nos vieux contes en sont remplis. Dieu pardonna à ces mécréants en faveur de la belle retraite que le vrai père Barnabé faisait pendant ce temps-là, dans la capitale de la chrétienté, meurtrissant sa chair et se fouettant les reins ! C'est grâce à ses prières, sans doute, que tout s'arrangea pour le mieux par le consentement de la famille de Sabine à son mariage avec M. de Haut-Castel. Il fut convenu d'ailleurs que, par respect pour la religion, la chose demeurerait absolument secrète, et qu'on expliquerait autrement les rencontres antérieures des deux amants.

Cette convention fut si scrupuleusement observée qu'Agathe ignora toujours le fin mot de l'aventure et comment sa sœur avait bénéficié, si mal à propos, du produit de ses rosaires à elle. Cela lui parut si prodigieusement injuste et l'indigna si fort, qu'un jour, seule, elle reprit le chemin de la montagne et alla conter son cas au vrai père Barnabé, revenu à son ermitage, et qu'elle crut reconnaître parfaitement, tout en le trouvant un peu vieilli, tant la barbe fait tous les hommes pareils !

L'innocence du saint homme, à qui rien ne parut louche dans cette histoire, éclata bien radieusement dans la réponse qu'il fit à l'affligée. Il n'y a que de bien belles âmes pour en trouver de pareilles :

— Mon enfant, lui dit-il, c'est que vous n'avez pas assez prié. Saint Carpolin ne vous a pas jugée digne encore d'être mère, mais tante seulement.

Et il ajouta avec un bon sourire :

— Enfin, c'est toujours ça !... Priez encore et vous aurez peut-être mieux.

X

LA CONFESSION DE JACQUES

Il n'est pas de vrai Parisien qui ne connaisse le salon de la baronne Pigril, cette aimable femme qui joint à un renom inattaqué de vertu tant d'enjouement aimable et de belle grâce féminine.

A une époque où l'on ne cause plus (on y parle tant !) cette vraie grande dame a conservé les traditions d'un autre âge, celui de nos grand'mères, dont elle n'est pourtant pas la contemporaine, tant s'en faut ! Elle estime que tout l'esprit du monde ne se doit pas employer dans les livres, et qu'il en faut garder un peu pour la conversation. Bien que très recherchée pour sa gaieté, elle a volontairement restreint le cercle de ses relations, recevant plus qu'elle ne visite, ayant horreur de tout commerce banal, se gardant tout entière aux charmantes intimités d'une vie qui n'a rien à cacher. Mais de ce petit coin qu'elle s'est fait, très retiré, sinon solitaire, elle voit et elle observe tout ce qui se passe avec la curiosité passionnée de ceux qui aiment à apprendre. Rien ne lui est étranger ni indifférent de ce qui arrive, aussi bien dans le grand monde où l'on joue aujourd'hui au *bonneteau,* que dans le demi-monde où l'on commence à jouer le whist. C'est vous dire qu'elle n'est ni bégueule ni pédante, bien que vraiment honnête et fort lettrée. Tout chez elle est de bonne compagnie, et jamais un mot inconvenant ne s'y est prononcé, bien que beaucoup d'histoires badines y aient été effleurées et que la plaisanterie ne lui fasse pas peur, pourvu qu'elle soit fine et compréhensible seulement pour ceux à qui elle s'adresse. Elle doit à cette tenue parfaite de recevoir en même temps que des artistes choisis et des délicats dans tous les genres, de bonnes petites bourgeoises qui n'entendent pas malice aux sous-entendus, et même des jeunes filles qui ne prennent dans sa société que d'excellentes leçons. Un dernier détail : la baronne Pigril, qui a aujourd'hui beaucoup de cheveux blancs, et qui poudre les autres, a été merveilleusement belle, d'une de ces beautés que la neige couronne encore, et est veuve depuis fort longtemps.

Mon ami Jacques est un de ses assidus. On dit même qu'il en a été longtemps amoureux, mais, comme tous ceux qui se sont permis cette folie, il dut se résigner à voir son amour payé en monnaie de bonne amitié. Maintenant la baronne est sa confidente et lui donne autant de conseils qu'il en mérite, ce qui suffirait à occuper une demi-douzaine de directeurs de consciences ordinaires. Car c'est un bon fou que mon ami Jacques, un bon petit fou dont je vous ai conté déjà quelques aventures bizarres. Le curieux de ce garçon, c'est qu'il a gardé certains goûts sérieux, tout en menant une vie qui eût fait honte à Polichinelle. Croiriez-vous qu'entre deux sottises qui feraient mettre un autre à Charenton, il poursuit depuis dix ans l'achèvement d'un ouvrage historique plein de curieuses recherches ? Toutes les fois qu'une femme l'a trompé, il se précipite à la Bibliothèque où, par suite, il passe une bonne moitié de son temps. Il s'y console en lisant les hauts faits des cornards célèbres qui, comme chacun le sait, ont mené les destinées du monde, depuis Ménélas qui prit Troie jusqu'à Napoléon qui prit l'Europe, la bosse de la conquête étant visiblement voisine de celle du *cocuaige,* comme disait le bon François. Un instant même l'Institut s'émut des travaux de mon ami Jacques et il fut question de lui donner le prix d'un Gobert quelconque. Mais je ne sais plus qui fit observer qu'il avait été fort inconvenant envers la mémoire de Hugues Capet pour qui l'Académie professe une amitié particulière, comme l'élection du duc d'Aumale le prouve surabondamment. Cette remarque suffit à le priver de cette récompense. Mais il ne s'en porte pas plus mal pour cela.

Comme il entrait, il y a quelques jours, chez la baronne, vers quatre heures, car c'est l'instant où il la trouve ordinairement seule :

— Eh bien, mon cher enfant, lui dit celle-ci vivement en allant à lui, la princesse Fernanda vous a-t-elle accordé l'autorisation de consulter les manuscrits que vous supposez en sa possession ?

— Oui, chère madame. Je viens même de recevoir de l'intendant de la princesse un petit mot qui m'instruit qu'elle m'attend demain à neuf heures du matin.

— A neuf heures du matin !

La baronne éclata de rire. Jacques en fut tout interdit.

— Heureux coquin ! ajouta-t-elle.

— Par exemple !

Mais la baronne, avec un petit soupir, répéta :

— Heureux coquin !

Mon ami Jacques semblait atterré.

Le portrait de la princesse Fernanda est ici nécessaire. Mais je commence par affirmer qu'il est de pure fantaisie et qu'il n'en faut pas chercher l'original parmi les personnages connus de ce temps.

On peut être véridique même en demeurant discret. Donc la princesse Fernanda vient de fort loin et nul ne sait comment l'amour de ses compatriotes, dont elle tint un moment entre ses mains les destinées, l'a décidée à venir en France. S'il en faut croire la légende, la princesse eut le tort d'apprendre la vie dans l'histoire des républiques italiennes du moyen âge. Elle s'est trompée d'époque en venant au monde, voilà tout, et c'est une bêtise qu'elle n'a pas faite toute seule. Les journalistes de son pays qui, contrairement aux nôtres, sont fort méchants, la comparaient, dans leurs diatribes, à Lucrèce Borgia et à Marguerite de Bourgogne. C'était une exagération de pamphlétaires. Pas une goutte de sang n'a coulé pour cette débonnaire personne, qui ressemblerait bien plutôt à la grande-duchesse de Gérolstein.

Elle a beaucoup aimé, dit-on, et encore aujourd'hui elle trouve les hommes beaux, ce qui me semble indiquer une mauvaise vue. Elle a d'ailleurs certainement passé l'âge de le leur faire comprendre, mais il y a des grâces d'état et des jeunesses obstinées. Au physique, la princesse n'a rien qui mette en garde contre ces retours intempestifs. C'est une personne qui n'a pas la voix de l'Alboni, mais qui en a la prestance, c'est-à-dire celle d'un éléphant qui n'a pas avalé un rossignol. Depuis Louis le Gros, à qui on doit l'invention des chaises en fer, jamais haute naissance ne fut établie sur de pareils fondements. De telles gens font éclater les trônes rien qu'en s'asseyant dessus et ne sauraient régner longtemps sur le cœur des peuples sans l'écraser. Elles cacheraient d'ailleurs l'histoire tout entière derrière elles.

Et maintenant vous avez deviné pourquoi mon ami Jacques fit une apostrophe indignée aux insinuations de la baronne Pigril.

— Ne vous fâchez pas, mon cher, lui dit celle-ci.

— Mais, madame, je vous jure.....!

— Ne jurez rien, mon enfant ; je connais fort bien les hommes, et vous mieux que tous les hommes. Je veux bien que cette bonne fortune ne soit pas flatteuse pour votre amour-propre à tous les points de vue. Mais, enfin, vous êtes un garçon bien élevé, et puis, une si grande dame ! Vous verrez que l'amour-propre s'en mêlera.

— Mon Dieu, que vous êtes méchante !

— Vraiment ? Eh bien, Jacques, puisque vous vouliez jurer tout à l'heure, donnez-moi votre parole que vous me direz demain soir la vérité. Je ne pourrai vous recevoir à quatre heures, mais j'y serai après dîner. Venez et soyez sincère.

— Je vous en donne ma parole, mais c'est bien inutile.

— C'est ce que nous verrons.

Or, comme Jacques se retirait, elle entr'ouvrit encore la porte derrière lui, pour lui dire à demi-voix, avant qu'il eût atteint la dernière marche de l'escalier :

— Heureux coquin ! Petit fripon !

Et je ne mentirai pas en vous disant que, durant toute la journée du lendemain, la baronne pensa au rendez-vous de Jacques et attendit impatiemment que le soir fût venu pour apprendre comment il s'était tiré d'embarras. Car de l'embarras elle ne doutait pas, non plus que de la chute de Jacques — mais elle voulait la savoir de sa bouche.

Les plus honnêtes femmes ont de ces curiosités-là.

Le malheur fut qu'il vint après dîner beaucoup plus de monde qu'elle n'en attendait. Plusieurs familles aimées, comptant dans leurs rangs de jeunes demoiselles, étaient groupées dans le salon quand Jacques fit son entrée. La baronne chercha bien à deviner la vérité sur son visage, mais Jacques s'était fait une face de bonze, impassible et muette. Il était pourtant impossible de l'interroger publiquement sur un pareil sujet. N'y tenant plus, au bout de quelques instants, Mme Pigril se leva et, sous prétexte de faire servir le thé, elle passa près de mon ami et lui dit tout bas ce simple mot, sur le ton d'une interrogation exigeant une réponse immédiate :

— Joseph ?

— Non, madame, Jonas !

Et le pauvre garçon ramena piteusement ses deux mains sur son visage.

XI

LA VENGEANCE DE FŒDORA

Il n'est personne, me dit Jacques, ayant passé l'été dernier à Saint-Cloud qui n'ait souvent remarqué et longuement contemplé sir Arthur Pouding, ce jeune Anglais bizarre et mélancolique, jaune et ténébreux, long et rêveur, qui eût rappelé Werther s'il n'eût ressemblé encore beaucoup plus à Cadet Roussel. Mais ce que peu de gens savaient, c'est que ce flegmatique personnage cachait, dans le *buen retiro* qu'il s'était choisi sur la route de Montretout, une maîtresse d'une grande beauté, Mlle Fœdora, une jeune Corse aux cheveux plats, mais plus noirs encore, qu'il avait ramenée de son dernier voyage. Un drôle de ménage, entre nous ! Ces deux gens-là passaient des journées entières sans s'adresser une parole (je le tiens de leur domestique, qui mourait d'ennui chez des maîtres si peu bavards).

Mademoiselle lisait du matin au soir, et monsieur promenait, du levant au couchant, une aiguille sur un métier. Sir Arthur adorait la tapisserie, et voilà six ans qu'il avait commencé un coussin qu'il comptait offrir à la reine Victoria à son retour en Angleterre, afin de faire enfin donner une charge publique à son père, lequel avait fait plusieurs faillites dans le commerce.

Sur ce petit oreiller de laine étaient représentés tous les exploits de Guillaume le Conquérant, avec l'histoire de la réforme tout autour. Il y avait là une figure d'Élisabeth, relevée de soie, qui avait coûté à ce petit-fils de Pénélope six mois de peine, et dont il n'était pas encore content.

Pendant qu'il écrivait ce poème sur canevas blanc, Fœdora se bourrait la mémoire de romans indigestes et d'histoires de cours d'assises. Elle affectionnait particulièrement la légende des femmes trahies qui, depuis Médée jusqu'à Mlle Bière, remplissent l'humanité du vacarme de leur vengeance. Le poignard, les poisons, mais surtout le vitriol emplissaient son esprit d'imaginations douces. Elle trouvait toujours incomplets les châtiments des amants parjures et rêvait au delà, cette bonne petite insulaire aux yeux aissant comme des charbous !

Quelquefois cependant, après avoir fait un point heureux à la frimousse de l'auguste Élisabeth, sir Arthur se levait, allait à la fenêtre et promenait sur le paysage un binocle aussi puissant qu'une lunette marine et que lui avait vendu un lunetier de Milan, célèbre parmi tous ses confrères pour son talent sur le macaroni. Longtemps l'instrument erra au hasard sur les bois de Garches et sur les ombrages de Saint-Cucupha ; mais au moment où commence cette histoire, depuis plusieurs jours déjà, il s'arrêtait obstinément, aux mêmes heures, sur le même point et y demeurait comme attaché par un invisible rayon.

Vous avez deviné, n'est-ce pas ? le perfide Arthur était amoureux derechef et *in petto,* comme disent les professeurs d'humanités qui n'en ont pas pour nos oreilles.

C'est que, depuis le commencement de la semaine, les époux Beaugency occupaient le rez-de-chaussée d'une villa faisant face au chalet de l'impressionnable Anglais. La grande route et deux jardins séparaient seuls les deux habitations.

Beaugency était un bon gros garçon, commun comme quatre sous de pain d'orge, ancien commis voyageur, assez mal élevé, mais bon vivant et aimant les farces grasses. Olympe Beaugency, sa femme, était une délicieuse personne, blonde et grassouillette, appétissante en diable avec son beau teint de Parisienne, ses yeux d'un vert changeant et sa bouche mi-moqueuse, mi-boudeuse. Elle aimait beaucoup son mari, presque autant que son lévrier Toto, certainement plus que son chat Lowe, mais bien moins que Héro n'aimait Léandre, ou Orphée Eurydice. Beaugency serait tombé aux enfers, ce que lui aurait bien mérité sa mauvaise tenue de parpaillot, qu'elle n'eût pas donné dix centimes à Caron pour aller l'y reprendre. Beaucoup d'excellentes femmes sont comme ça. Elle était fidèle par manque d'occasions de mal faire et un peu par nonchalance ; elle était coquette aussi et s'était fort bien aperçue des recherches jusque-là purement astronomiques de sir Pouding. Aussi avait-elle imaginé, chaque jour, à la même heure, le manège suivant : la fenêtre du salon donnant sur le midi, elle laissait les volets fermés durant tout le temps de la grande chaleur ; mais vers cinq heures, elle entr'ouvrait ceux-ci, se posait derrière la croisée et lentement, bien lentement, les ouvrait davantage, de façon que son muet amoureux savourât les délices d'une apparition impatiemment attendue, savamment mesurée, imperceptible d'abord et incertaine, puis complète et triomphante.

Et, de fait, le bonheur progressif de cette vue emplissait l'âme de sir Arthur d'une joie méthodique et profonde. Imprudent fils d'Albion ! Il ne s'était pas aperçu que, pendant ce temps-là, Fœdora, quittant des yeux son livre, l'examinait avec une curiosité jalouse et pâlissait d'une colère contenue. L'irascible et vindicative Corse ne se contenta pas d'un soupçon vague et sans objet. Elle aussi suivit la direction de la lorgnette ; elle aussi vit les volets de Mme Beaugency faire leur métier d'ailes de papillon, et, entre les volets, la belle fleur féminine qu'ils cachaient puis découvraient dans leur battement. Quand elle fut sûre de son fait, elle eut bientôt arrêté son plan, et, le lendemain, une heure à peu près avant la comédie quotidienne, on eût pu la voir chez un marchand de couleurs et d'essences sis rue d'Orléans, à deux pas du parc, faire remplir une petite fiole d'un liquide incolore et fumant.

Or, Beaugency, lui aussi, tout en dégustant sa grosse pipe d'écume, s'était aperçu de la chose. Lui aussi avait conçu son petit plan, mais non pas dramatique et terrible comme celui de Fœdora, un plan de gros farceur et de panurgien qu'il était et dont il riait déjà, en lui-même, à se donner le hoquet. Quand le moment de l'apparition journalière fut venu :

— Chère amie, dit-il à sa femme, tu serais fort aimable de rester dans ta chambre pendant un moment.

— Et pourquoi, mon Dieu ?

— Parce que je vais montrer à ton galant quelque chose qu'il ne s'attend guère à voir.

— Mon galant ! Que dites-vous là, monsieur Beaugency ?

— Rien ! rien ! mon amour. Je me comprends. En attendant, file dans tes appartements et t'y tiens coite.

Olympe, un peu inquiète, obéit à contre-cœur.

Alors M. Beaugency démasqua ses batteries... non... autre chose. Ayant soigneusement retiré son indispensable, il s'approcha de la croisée, lui tourna le dos, releva sa chemise et, braquant sur la fente des volets le contraire de sa face, il commença à entr'ouvrir lentement ceux-ci, comme faisait sa femme, en passant ses mains derrière ses reins, mais progressivement et de façon que sir Arthur, toujours à son observatoire, s'enivrât quelque temps dans l'ombre d'une vision incertaine et vaporeuse.

— Ah ! mâtin ! pensait-il en même temps, si tu lui fais de l'œil, il te le rend bien !

Et, en effet, sir Arthur, enhardi par l'absence insolite de Fœdora, envoyait des baisers dans le sein de la fenêtre quand, soudain, les volets s'étant écartés brusquement, il poussa un cri d'horreur et un *shoking !* que répétèrent les échos.

Mais, en même temps, une femme, cachée dans le jardin de Beaugency, surgissait d'un bouquet de feuillage et jetait brusquement le contenu d'un flacon entre les deux volets.

— Tiens ! misérable ! fit-elle.

Et Fœdora se sauva comme une folle.

Mme Beaugency entendit de la chambre un jurement épouvantable et la chute d'un corps sur le plancher. Elle accourut et trouva son mari étendu sur le ventre, à moitié nu, se tordant comme un ver et poussant des gémissements à fendre le bois qui, comme on sait, est plus dur que l'âme des huissiers eux-mêmes.

Le malheureux avait reçu du vitriol en pleine... farce.

Il dut rester assis dans l'eau fraîche pendant plus de huit jours. Je ne voudrais pas néanmoins que vous croyiez à un dénoûment tragique. Contrairement à ce qui arrive ordinairement en pareil cas, sa vue ne fut pas menacée. Il est complètement rétabli aujourd'hui et son apothicaire, qui est aussi le mien, m'a affirmé qu'il était à peine défiguré.

XII

LE PANTALON D'ISAAC

— Or donc, que la bénédiction du Dieu d'Abraham descende sur ta tête, avec ce vêtement qu'un pieux et décent usage m'ordonne de te remettre en ce jour solennel, dit le vieux Mardochée Pingrim à son fils Isaac, agenouillé devant lui. Que ta postérité fasse enrager le nombre des étoiles et crever d'envie les sables de la mer ! Sois-tu le moins cocu des hommes, et cependant le plus heureux !

— Le Dieu d'Abraham vous entende, mon père ! répondit Isaac en tendant ses mains vers le vieillard.

Et celui-ci lui remit un pantalon magnifique de ratine perfectionnée, du plus beau jaune clair, avec de solides boutons en nickelé garanti, pouvant se porter avec ou sans bretelles, suivant le goût du titulaire de ce couvre-chef inférieur.

— Et voici une aune un quart de la même

étoffe, ajouta le bon Mardochée, au cas où le fond te manquerait, ce qu'en homme de cœur tu ne dois souffrir à aucun prix. Maintenant, relève-toi, mon fils, et pars, comme autrefois Jacob pour la demeure de Laban. Tu vois que j'ai fait grandement les choses, malgré ma renommée d'économie. Tâche que le vénérable Péterskoff, mon frère, s'inspire de mon exemple et veille à ce qu'aucune pièce essentielle ne manque au trousseau de ta fiancée.

— Je vous le jure, mon père, reprit Isaac, en fondant en larmes sous le poids de l'émotion.

Et enjambant sa dot sur l'heure, il mit l'aune et quart supplémentaire dans un coffret à triple serrure qui ne le quittait jamais.

Cette imposante prise de voile avait lieu par un bel après-midi d'août, dans une petite ville de Russie que je ne nommerai pas, afin de ne pas susciter d'incidents diplomatiques au gouvernement de mon pays.

Avant d'aller plus loin, ô lecteur pudibond (le seul que je veuille !) il me faut te faire part de l'érudition récente que j'ai puisée dans les récits du voyageur qui m'a conté cette aventure. (Car, pour rien au monde, je ne voudrais te dire quelque chose qui ne fût parfaitement véridique.) L'usage est, en Russie, que les juifs portent uniquement la robe jusqu'au jour de leur mariage. Ce jour-là seulement, en souvenir de la feuille de vigne qui fut remise à Adam, au vestiaire du paradis, par l'archange préposé aux vêtements, le néophyte de l'hymen reçoit des mains du chef de sa famille une culotte additionnelle qu'il devra porter toute sa vie. Aussi les parents prudents ont-ils, comme le vertueux Mardochée, soin d'y ajouter des morceaux destinés à en combler les jours. Cette investiture joue le rôle de la robe prétexte dans les coutumes romaines et symbolise la venue de la puberté.

Vous savez maintenant qu'Isaac Pingrim allait se marier. Sa fiancée, Rébecca Péterskoff, était le plus riche parti de la ville voisine (même discrétion, pour éviter tout embarras au ministère des affaires étrangères). C'était, de plus, une superbe personne dont la chevelure noire avait des reflets bleus, dont les yeux d'un brun clair avaient des velours de giroflée, dont le nez correct avait des ailes mobiles et transparentes comme des pétales de rose ; bonne ménagère avec cela, sachant marchander comme pas une, et dont les pâtisseries avaient une renommée pareille à celle de la galette du Gymnase, au temps de M. Montigny père.

Quant à Isaac, c'était un gros garçon d'un visage un peu commun, mais d'une stature imposante, bien râblé, d'une robuste architecture, de mœurs douces avec cela et portant encore à la boutonnière de son nouveau vêtement le lis radieux de l'innocence.

La chaleur du jour commençait à tomber, — car il avait fait chaud ce jour-là même dans l'antichambre du Caucase, — Isaac se mit en route pour la maison du vénérable Péterskoff. Une longue route pleine de poussière et une belle maison toute en brique. Il marchait depuis trois heures quand un coin de bois tenta sa fatigue. Un fossé verdoyant ouvrait un double canapé de mousse sur les deux lisières du chemin. Le voyageur résolut de se reposer un instant ; mais, avant de s'étendre sur ce divan naturel, il réfléchit que l'ocre de son pantalon pourrait en recevoir quelque souillure et, retirant soigneusement cet habit de dessous, il le pendit à un arbre et se coucha, la tête sur son précieux coffret.

Il se coucha, dis-je, et un doux sommeil, arrière-garde d'une marche forcée, ferma ses yeux. Alors un rêve lui vint, le plus charmant des rêves ! Tous les souhaits du vieux Mardochée avaient été entendus du Dieu d'Abraham. Il avait vingt-quatre fils, tous changeurs ! et autant de filles dont les doigts rosés donnaient à la pâte des pains azymes un délicieux goût de noisette. Lui-même portait une barbe blanche lui descendant jusqu'aux genoux et il léguait à ses petits-enfants l'aune et quart de ratine encore neuve qu'il tenait de son propre père, tant le pantalon de ses fiançailles avait été de bonne qualité !

Le bruit d'un chariot passant au galop l'éveilla et rompit le charme. La nuit était presque venue ; Isaac était certainement en retard. Il demanda au voiturier de le prendre avec lui et lui offrit pour cela une petite pièce de monnaie sur laquelle il avait des doutes. L'autre, qui était myope, l'accepta. Et fouette, cocher ! Les chevaux noirs de l'Ukraine eurent une belle envolée de crinière, tout comme dans les tableaux de M. Chelmonski, et leurs jambes nerveuses se détendirent comme des arcs dans l'espace.

O distractions familières aux amoureux ! Dans sa précipitation, Isaac avait oublié la précaution qu'il avait prise avant de s'étendre sur l'herbe et laissé son pantalon au porte-manteau de bois vert qu'il lui avait choisi. Le sommeil avait, d'ailleurs, si fort troublé sa mémoire qu'il s'en croyait parfaitement muni et le trouvait même un peu chaud pour la saison.

— Enfin, vous voilà ! dit Rébecca en tendant son chaste front à son fiancé.

— Il ne vous est rien arrivé de fâcheux, mon gendre ? ajouta le vénérable Néphtali Péterskoff, sans quitter une grosse pipe qu'il prétendait taillée dans du bois de la vraie croix et qu'il disait tenir des propres descendants de Caïphe.

— Non, mon père, répondit Isaac en courbant son front mouillé de sueur sous la bénédiction de son nouvel ancêtre.

— Eh bien, alors, causez, mes enfants ! reprit le vieil israélite bourrant sa relique impie de tabac fin comme les cheveux d'or d'une blonde.

Oh ! ce fut une délicieuse causerie que celle des deux amoureux, dans un coin de la grande pièce dont une lampe de cuivre éclairait seulement le bas de sa lumière jaune et circulaire, laissant les têtes dans le demi-jour mystérieux qui sied aux confidences.

Ils ne se dirent aucune des fadeurs qui font dégénérer de pareils entretiens en romances écœurantes ; mais ils appelèrent à eux toute la poésie de la comptabilité la plus exquise. Avec une complaisance où se lisait la passion la mieux contenue, Rébecca donna à son époux l'énumération des différentes pièces de son trousseau, que celui-ci prenait en note sur un calepin graisseux d'un beau ton de feuille morte.

Quand cette revue fut achevée, Isaac, ne se contenant plus, posa tendrement un baiser sur la main mal défendue, mais blanche comme la neige, de la belle juive.

— Et vous, Isaac ? lui demanda alors en rougissant la jeune fille. Le vénérable Mardochée, votre père, vous a-t-il remis le.... ?

La pudeur l'empêcha d'achever le nom du vêtement dont elle voulait parler.

— Voyez plutôt, dit Isaac, qui, dans l'innocence de son cœur, avait complètement oublié la nudité de son derrière et le croyait pourvu de son enveloppe serin.

Et, s'approchant de la lampe, il se retourna et retroussa fièrement la jupe de sa robe jusqu'à la hauteur de ses reins dodus.

Rebecca poussa un cri panaché de surprise et d'admiration.

— Et j'en ai une aune un quart de rechange ! ajouta le jeune Pingrim avec une adorable fatuité.

XIII

LE PROTECTEUR DE JACQUES

Je veux peindre un de ces hommes dont la feinte obligeance semble toujours à l'affût de quelque service à rendre, dont l'humeur accueillante est aussi proverbiale que perfide, qui ne parlent que de se mettre en quatre et se pelotonnent dans leur égoïsme à toute occasion, à qui les seules hypocrisies du dévouement sont familières, variété de *faux bonshommes* que Barrière a oubliée et qui méritait bien sa place dans une immortelle comédie. Celui que je vise en particulier est connu de tout le monde, car c'est un homme en grand relief, un littérateur bruyant, une façon de prince bourgeois ayant sa cour. — Quel être parfait que ce Camille Bertrand ! entend-t-on dire partout. Toujours prêt à aider les autres ! — J'appelle mon héros Camille Bertrand, parce que l'histoire que je conte étant, de tous points, authentique, je dois, au moins, un pseudonyme à chacun de ses personnages. Je serais ravi, toutefois, qu'elle réveillât un souvenir dans la mémoire de celui-là. Or donc, la voici :

Mon ami Jacques, en arrivant à Paris, avait été recommandé à M. Camille Bertrand par son père, qui avait, autrefois, grandement obligé celui-ci. Dire qu'il fut reçu à bras ouverts par l'écrivain serait une banalité. « Tout ce que j'ai est à vous, lui dit Camille, et même ce que je n'ai pas. Demandez-moi la lune et je trouverai bien une échelle pour l'aller décrocher pour vous ! » Mais Jacques n'avait aucune envie de la lune. De plus, c'est un sauvage et un timide. Il resta deux ans sans revoir l'homme qui s'était institué son protecteur, deux ans pendant lesquels il fit beaucoup de mauvaise peinture. Car, avant de trouver sa véritable voie dans la flânerie, Jacques avait résolu de tenter la gloire du pinceau. Le sien ressemblait, d'ailleurs, à peu près autant à celui du Titien que moi, qui le lui ramassai un jour, je ressemble à Charles-Quint.

Or, il advint qu'à l'Exposition de 1879, le grand peintre Salve Regina envoya un admirable portrait de la femme de Camille Bertrand. — Camille

Bertrand, j'avais oublié de vous le dire, est marié, en effet, et légitime possesseur d'une des plus merveilleuses créatures du monde, que nous appellerons Juliette, si vous y consentez. Jacques fut positivement révolutionné par ce morceau de peinture. Il y crut voir le secret qu'il cherchait et se convainquit, avec une obstination de fanatique, qu'il apprendrait plus à copier ce chef-d'œuvre qu'à demeurer dix ans dans l'atelier du maître qu'il avait choisi... Oui, mais le moyen de faire cette étude ?... — Tiens ! se dit-il, M. Camille Bertrand ne s'est-il pas mis à ma disposition en toutes choses ? D'ailleurs, cette copie ne sera que pour moi. Je lui en donnerai ma parole ! Il ne saurait donc me refuser une faveur qui ne compromettra personne.

Et voilà comment, le Salon fini, il courut chez son bienfaiteur.

— Voilà tout ce que vous avez à me demander, mon cher enfant ? lui dit celui-ci en lui serrant les mains à les briser, après avoir écouté l'objet de sa visite.

— Alors, vous m'accordez ?

— Parbleu ! Je vous en veux seulement de ne me pas donner une plus sérieuse occasion de vous prouver mon dévouement.

— Que vous êtes bon !

— C'est ma seule prétention. Ah ! ajouta-t-il après une seconde de réflexion, il serait convenable, n'est-ce pas, que nous demandions l'autorisation à Salve Regina ? car le portrait lui appartient un peu.

— Diable !

— Il est fort jaloux de ce qu'il fait, mais cependant je suis convaincu qu'à cause de moi, il ne vous refusera pas. Je vais lui écrire un petit mot très chaud que vous lui porterez vous-même.

— Vraiment, je suis honteux !

— Voulez-vous retirer ce vilain mot-là ! Prenez donc un journal pendant que je rédige ce billet.

Et M. Camille Bertrand se mit impétueusement devant sa table, prit sa meilleure plume, griffonna comme un diable, plia sous enveloppe, cacheta et tendit à Jacques, en s'excusant d'avoir fermé la lettre par distraction.

Celui-ci l'avait regardé faire, au lieu de lire, et

lui avait trouvé une physionomie très étrange pendant tout cela.

Inutile de dire, d'ailleurs, qu'il se confondit en remerciements que M. Bertrand accepta avec la modestie toute particulière des gens qui en reçoivent à la journée.

— Si Salve Regina est rétif, ce ne sera pas ma faute, conclut-il en reconduisant son protégé jusqu'au haut de l'escalier.

Jacques n'est pas un sot. Il n'était pas encore dans la rue qu'une diabolique idée lui traversa le cerveau. Il la chassa d'abord avec une honnêteté indignée. Mais elle le reprit au bout de vingt pas. Il se révolta une seconde fois contre elle, mais celle-ci ne se tint pas pour battue.

— Allons donc, se dit-il, c'est impossible !...

Mais elle s'obstinait, l'obsédait, le tourmentait. Sur le pont des Arts elle était si intense, qu'elle faillit lui faire jeter par terre un aveugle. Heureusement que celui-ci avait un chien qui happa les chausses de Jacques et le retint au seuil de cette inconvenante action. Il est positif que la lettre de M. Bertrand lui brûlait les doigts. Il la retournait en tous sens, comme un homme qu'on a condamné à tenir un charbon allumé.

— Ouvrir un mot qui ne m'est pas destiné ! quelle infamie !

Et il secoua le billet comme pour le jeter dans la Seine. Mais il le garda.

— Après tout, se dit-il, rue de Rivoli, il n'est question que de moi dans ce papier, et le seul secret que j'y puisse découvrir m'appartient.

Mais il regimba encore contre une pensée qui excluait toute délicatesse.

Salve Regina demeurait place Pigalle, dans l'heureuse maison qui possède aujourd'hui les deux plus pures gloires de notre Ecole, Puvis de Chavannes et Henner.

Au milieu de la rue Duperré, Jacques se sentit définitivement vaincu. Il brisa fiévreusement le cachet, tira la lettre de l'enveloppe et lut :

« Mon cher ami, un jeune barbouilleur qui n'a aucun talent, mais qui est prodigieusement indiscret, vient me demander la permission de copier le portrait que vous avez fait de ma femme. Je lui ai dit que vous seul pouviez l'y autoriser, et je vous prie instamment de l'envoyer promener avec tous les honneurs dus à son rang. Mettez-y des formes, toutefois, car c'est le fils d'un homme que j'ai beaucoup obligé jadis et qui croit, par conséquent, que tous mes amis sont tenus de l'obliger aussi.

» Ma femme ira voir la vôtre tantôt et vous fera certainement à vous-même une petite visite. — Votre tout dévoué : Camille Bertrand. »

— Canaille ! hurla Jacques exaspéré.

Et ce vers de *Tartufe* lui remonta vers l'esprit dans une buée de dégoût :

Voilà, je vous l'assure, un abominable homme !

Mais, comme il était à la porte de Salve Regina, il entra résolûment, après avoir froissé et remis dans sa poche ce chef-d'œuvre de fausseté.

Je vous répète que Jacques n'est pas un sot.

— Cher maître, dit-il à Salve Regina, votre ami, M. Camille Bertrand, m'avait remis pour vous une lettre que j'ai malheureusement égarée. Il y insistait vivement pour m'obtenir de vous l'autorisation de copier, à titre d'étude et pour moi seul, votre admirable portrait de sa femme.

— Accordé, mon cher enfant, lui dit l'excellent Salve Regina. Je n'ai rien à refuser à ce brave Camille, dont je reconnais encore l'obligeance et l'infatigable serviabilité.

— Voulez-vous m'octroyer un mot de votre main qui l'assure de votre consentement ?

— Bien volontiers...

Puis, il ajouta, regardant Jacques avec plus d'attention :

— Montrez-moi donc un peu ce que vous faites. Tenez ! ébauchez-moi cela en trois coups de pinceau.

Jacques, honteux, prit une brosse et fit de son mieux sur un bout de toile que Salve Regina lui avait tendu.

— Ce n'est pas mal, lui dit celui-ci, mais vous feriez mieux de travailler d'après nature que de copier même les meilleurs modèles, à plus forte raison les miens.

— Au fait, dit-il encore, voici l'heure à laquelle la femme de Camille vient souvent voir la mienne. Voulez-vous, à tout hasard, l'attendre ici ? Mme Bertrand est une femme charmante, mieux

que cela, un bon enfant, un excellent garçon !
Elle ne vient jamais ici sans me poser quelque
chose, une main, un pli de robe, un mouvement, une attitude. Vous savez qu'elle est merveilleusement belle ! Puisque Camille vous avait
autorisé à copier son portrait, je vais lui demander, à elle, de vous permettre de faire une pochade d'après elle, ici, tout de suite, en une demi-heure. Voilà qui vous apprendra bien davantage.

Jacques croyait positivement rêver et sa méchante humeur avait absolument disparu devant
cette bonne fortune inattendue et l'accueil si
vraiment cordial de Salve Regina.

Tout à coup, une des portières en vieille tapisserie de l'atelier se souleva et Mme Camille
Bertrand apparut, dans une délicieuse toilette,
avec une botte de violettes à son chapeau et une
robe d'un vert sombre où sa taille admirable se
dessinait avec une voluptueuse précision.

Jacques eut un véritable éblouissement devant
cette superbe et avenante créature.

C'est d'une main tremblante et folle qu'il fit

l'ébauche que lui avait permise Juliette avec une grâce infinie. Mais Salve Regina y trouva un bon instinct de la couleur.

— Il faut continuer cela, lui dit-il, et Mme Bertrand ne refusera pas de vous accorder une seconde pose à la première occasion.

Imprudent Salve Regina !

Je ne sais comment les choses se firent, mais, un mois après, Jacques voyait Juliette tous les jours, et non plus dans l'atelier du peintre trop confiant. En voilà un, ce Jacques ! qui ne pensait plus guère à sa palette ! Il aurait donné tout le génie de Véronèse pour un regard de sa maîtresse, et je vous baille ma parole qu'il était joliment dans le vrai.

Quand Salve Regina apprit cette liaison, il entra dans une colère abominable, ne parla de rien moins que d'en prévenir Camille Bertrand, le seul qui l'ignorât, bien entendu.

Mais Jacques le fut voir, se laissa accabler de reproches, et se contenta de lui raconter, après, l'histoire de la lettre qu'il lui montra même.

— Voilà qui est bien différent, répondit l'honnête Salve Regina, et voilà un drôle qui n'a pas volé ce qui lui arrive.

Et il ajouta, en serrant la main de Jacques, avec un bon sourire sur les lèvres :

— Mes compliments, mon garçon !

XIV

LE CYCLOPE

En ce temps-là, continua Jacques (et ce n'est pas d'hier, comme disait Rabelais, mais d'avant-hier au moins), j'avais dix-huit ans. J'aimais d'un même amour, également chaste et profond, les belles-lettres grecques et ma cousine Olympe de la Minotière. Comment ces deux passions se confondaient-elles, pour ainsi parler, en une seule ? Parce que ma cousine Olympe avait un de ces types réguliers qui ramènent l'esprit aux visions lointaines de la femme antique. Son profil était le plus pur du monde. De son front un peu bas sa chevelure jaillissait comme un flot d'or d'un rocher de marbre, et ses yeux, légèrement écartés du nez, avaient ce regard doux des ruminants que le vieil Homère prêtait à Minerve. Le menton était un peu épais peut-être, mais une délicieuse fossette y faisait un accent circonflexe pareil à une colombe s'envolant de son nid. Sa nuque était un poème, délicieusement charnue, veloutée, et se perdant, au sommet, dans une toison bouclée. Ses épaules n'étaient qu'un double développement de son cou et s'élargissaient comme un double fleuve de lait s'épanchant d'une amphore... Je ne connaissais rien de plus de ma cousine que deux mains, un peu longues peut-être, mais du plus noble dessin, trouées sur le dessus de quatre étoiles et dont les doigts se retroussaient vers le bout, orgueilleux d'ongles rosés comme des coquillages et luisants comme des gemmes... Je mens ! J'avais aussi entrevu ses pieds, deux merveilles, pareils à deux lis renversés. Mais vrai, plus loin que la cheville, un peu haute, d'ailleurs, comme chez toutes les filles de race, je ne connaissais plus rien de sa délicieuse personne. J'en étais réduit aux conjectures, mes mains trop timides ayant toujours respecté le mystère appétissant du reste de son être.

Ce portrait vous dira sans doute pourquoi l'image de ma cousine se mêlait sans cesse aux grandes légendes d'un temps ou j'aurais voulu vivre, le front couronné d'hyacinthe, un agneau blanc sur les épaules, une lyre dans les mains, élevant ici des villes comme Amphion, là, gémissant comme Orphée le long des bois sacrés, poursuivant mon rêve immortel sur les sables sonores et sur les collines qu'empourpre le couchant. Avec sa beauté fière et mystérieuse, calme et profonde, Olympe était pour moi, tour à tour, Hélène balançant, comme Gustave Moreau nous la montre cette année, une fleur sur des ruines sanglantes ;

> Écho chantant quand bruyct on mène
> Dessus rivière et sus étang.

Comme disait François Villon, Biblis sentant ses formes se fondre et s'écouler aux ondes chantantes d'une source, Daphné dont le torse jaillit du tronc noueux d'un laurier, Léda noyant ses mains amoureuses dans la neige des ailes d'un cygne, Europe affolée aux flancs du taureau divin, Déjanire souriant à la flèche d'Hercule frémissante au cou de Nessus, toutes les héroïnes, en un mot, de la fable éternelle où l'homme souffre et où la femme trahit.

Mais c'était surtout dans les idylles de Théocrite, ma lecture favorite, que je retrouvais à chaque vers comme un pressentiment de ma délicieuse contemporaine. Aussi celle-ci se nom-

8.

mait-elle tour à tour pour moi Simèthe, Eglé, Amaryllis, Xenée, Myrto, Iris, Euryante, Argea, Glycère... noms charmants faits de miel pour les lèvres et de rêverie pour l'esprit. Je mêlais ainsi l'aimable fille de ma tante aux aventures de la vie rustique, telle que nous l'a décrite le grand Syracusain.

Rien ne ressemblait moins pourtant à ces agrestes plaisirs que ceux que nous goûtions au château de la Minotière pendant les vacances. Un bon petit château bien bourgeois, avec un milieu en boîte à avoine et deux ailerons aux pignons ardoisés. Un beau jardin devant, par exemple, tout en pente, et dont les allées en zig-zag étaient bordées de romarin ; tout au bas une pièce d'eau, sur laquelle de larges nénuphars ouvraient leurs yeux alanguis à la prunelle d'or, et dont un peuple de poissons rouges empourprait, par places, les profondeurs ; sur la rive, toute en hautes herbes, un saule dont les pleurs vivants rayaient l'eau d'égratignures d'argent, au moindre souffle de vent, et sous lequel j'aimais à m'asseoir, mon fidèle Théocrite à la main.

Tout cela servait de décor à une vie parfaitement idiote et douce. On mangeait longuement, on causait inutilement, on dormait effrontément. Les grands arbres mélancoliques et les nuages fuyants me semblaient penser davantage que les hôtes de ce palais enchanté par la bêtise. Je ne parle pas des animaux sans nombre de la basse-cour. Ceux-ci étaient des prodiges de génie auprès des tombeaux vivants (l'image est de Bossuet, mais elle est belle) que leur gardait le destin.

Mais que nous faisait, à Olympe et à moi, l'ennui de cette compagnie? Elle aimait les fleurs et moi les vers. Avec ces deux goûts-là, on n'a rien à craindre de la société des sots. Je n'ai pas la fatuité de croire que ma cousine m'aimât ; je n'ose dire que je l'aimais, ayant éprouvé depuis ce que l'amour a de peu platonique chez moi. Mais enfin nous avions assurément plaisir à être auprès l'un de l'autre. Nous nous rencontrions souvent quand nous étions partis sans nous parler. Alors nous faisions de nos deux promenades commencées une promenade plus lente, plus longue et plus lointaine, nous égarant parfois dans les champs voisins, elle, cueillant des coquelicots, et moi, lui faisant de belles comparaisons entre les plus rouges et ses lèvres.

Mais celui que nous fuyions entre tous, parmi les hôtes du château, c'était un gros garçon de notre âge à peu près, fils d'une amie de notre tante, et qui venait aussi là passer deux mois par an. Ah! le stupide personnage que ce Gontran de Kroth-Misou! Et comme nous le détestions! Le malheur était que lui aussi aimait les longues excursions après les repas et qu'il nous fallait regarder sans cesse de tous côtés pour ne pas le rencontrer. Ce n'était pas d'ailleurs qu'il fût causant... Un véritable ours! Mais sa vue seule nous était horriblement déplaisante.

Quand on interrogeait sa mère sur le caractère taciturne et peu sociable de cet animal, Mme de Kroth-Misou avait coutume de répondre :

— Il ne faut pas en vouloir à ce pauvre Gontran, il a un si mauvais estomac!

Un soir... le beau soir d'été! on était en juillet

et la journée chaude avait laissé dans la plaine, comme une buée de lumière, une poussière d'or où tremblaient les formes des choses, comme si la nature tout entière allait se mettre à danser. De puissantes odeurs montaient des herbes et les brises avaient de bucoliques haleines toutes pleines de vagues chansons. On eût dit que l'âme du vieux monde s'était un moment ranimée à l'horizon. Un bois profond aux épaisseurs presque bleues semblait attendre la visite mystérieuse des nymphes. Ma cousine et moi nous achevions une promenade admirable pendant laquelle je lui avais traduit, avec un feu extraordinaire, l'idylle du *Cyclope,* la onzième du livre de Théocrite. Comme je lui avais bien dit la cruauté de Galatée résistant aux larmes du monstre et même à l'offre de trois petits ours ! J'avais fait ressortir à merveille comment Virgile avait volé les plus beaux vers de ce morceau pour son *Alexis*. Mais cela avait été tout à fait indifférent à Mlle de la Minotière. En revanche, je l'avais vue souvent émue aux accents passionnés du malheureux Polyphème prêt à enfoncer du charbon dans son œil unique pour complaire à la nymphe impitoyable.

Nous avions eu, à ce propos, une dissertation

fort intéressante, ma foi ! sur la physionomie probable des cyclopes.

— Je ne puis me les bien représenter, m'avait dit Olympe, mais ce devait être affreux.

— Pas du tout, lui avais-je répondu avec une conviction sans réserve. Leur visage n'avait rien de si épouvantable. Imaginez un disque de chair avec un trou, au centre, légèrement velu (car, dans Théocrite, Polyphème propose à Galatée de brûler aussi les cils trop longs qui ombragent son unique orbite). Quant à leur nez, il ne devait se voir que de fort près, puisque le même Polyphème nous apprend que le sien était petit et épaté. Voyez-vous à peu près maintenant ?

Ma cousine rougit et n'insista pas.

Je continuai à lui conter les peines du cyclope... Nous étions si admirablement tranquilles ! Un seul instant, Gontran nous était apparu de loin, marchant seul et d'un pas ennuyé, comme à l'habitude. Mais une haie nous séparait de lui — une haie toute fleurie d'aubépine rose.

— Voulez-vous que nous nous asseyons un instant ? me dit ma cousine.

— Bien volontiers.

Et alors, tout contre cette haie parfumée, sur

un revers du fossé verdoyant, nous nous mîmes à côté l'un de l'autre et je continuai à décrire à ma compagne les tortures du pauvre cyclope. Je ne sais quelle éloquence fiévreuse me venait aux lèvres, mais il me semblait que je parlais pour moi-même. Olympe, très troublée, m'écoutait en tremblant légèrement. C'est que la nuit était venue, avec son cortège de douces et mystérieuses terreurs.

Tout à coup, derrière nous, de l'autre côté de la haie, un bruit de ronces écartées se fit entendre... presque immédiatement après, un autre bruit retentit, sec et pareil à celui d'un bois mort qu'on casse ou d'une étoffe qu'on déchire brusquement. Nous nous retournâmes épouvantés, en nous levant bien vite et en poussant un cri.

Et nous aperçûmes alors, au travers des buissons, dont la lune, en montant de l'horizon, déchirait la profondeur de lumières argentées, une autre lune plus petite et plus pâle, bouffie en diable, qui montait aussi de la terre en découvrant tout à coup une façon d'œil sombre.

— Un cyclope, s'écria avec terreur ma cousine, encore toute à mon récit et au portrait que je venais de lui faire !

— Saligot ! hurlai-je à mon tour.

Et je lançai furieusement une pierre dans la haie.

Un gémissement, dans lequel je reconnus parfaitement la voix détestée de Gontran, me répondit.

Et puis, hors de moi, je courus après ma cousine. Mais, nouvelle Galatée, elle avait fui vers les saules. O femmes éternellement pareilles ! A elle aussi Polyphème avait fait peur !

XV

UNE RÉCONCILIATION

Jacques et moi le lui avions tous bien dit, à ce pauvre Cascamille, qu'en épousant, à cinquante-trois ans bien sonnés, Mlle Olympe Blanc-Minot, qui en avait juste dix-huit, il grossirait le nombre des époux ridicules et malheureux ! Le commandant Laripète, qui s'y connaît et qui est homme de bon conseil, lui avait même tenu, à ce propos, un raisonnement saisissant : « J'ai, lui avait-il dit, six ans de plus que la commandante, six ans à peine, et je l'ai déjà pincée une demi-douzaine de fois. Toi qui as trente-cinq ans de plus que ta fiancée, tu peux compter tout de suite le nombre d'observations que tu auras à lui faire pendant la même période de ménage. C'est mathématique, ça ! » — Mais bast ! Cascamille était amoureux comme une vieille bête. Il répondait à cela que Mlle Olympe Blanc-Minot avait les plus jolis yeux du monde, en quoi, pour cette fois, il avait raison. Aussi n'eut-il pas de cesse qu'il ne l'eût conduite, le même jour, successivement devant une écharpe tricolore et devant une chasuble. Après quoi, il partit avec elle pour la Suisse, comme un bon bourgeois qu'il est.

Ainsi que le prudent Laripète l'avait prévu, et même plus tôt, sa lune de miel s'écorna au premier pic. Elle était devenue un croissant superbe avant qu'il eût atteint le mont Blanc. Il s'en aperçut en regardant de trop près le ciel d'un lit d'auberge. Or, Cascamille est vaniteux comme un paon et a toujours eu la prétention de se distinguer des autres. Il se fâcha tout rouge, ramena l'infidèle à Paris et la traîna devant les tribunaux. Mais Olympe avait eu le nez de prendre un excellent avocat, qui roula mon Cascamille dans la boue, comme un goujon dans la farine. Si bien que la séparation fut prononcée, mais prononcée contre lui, avec les considérants les plus désagréables pour sa moralité, et qu'il reçut, en forme de jugement, une belle feuille de papier timbré qui l'instruisait que, s'il avait le malheur de se présenter au nouveau domicile de sa femme, celle-ci avait le droit de le faire fourrer au violon. Ce dernier détail le fit rire aux larmes :

— Parbleu! s'écria-t-il, si le gouvernement ne compte que là-dessus pour voir ses postes bien habités, il n'a pas besoin d'en faire capitonner les fauteuils!

Laripète et moi, qui avions été ses témoins à la mairie et au temple, en étions positivement si honteux que nous nous étions empressés de perdre de vue les époux désunis. Un jour cependant, mon ami Jacques vint me conter une de ses dix mille fredaines et son récit me donna indirectement des nouvelles de l'un d'eux. Il me parla, en effet, d'une jeune femme qu'un mari presque sexagénaire et tout à fait brutal avait entraînée dans la patrie de Guillaume Tell, pour l'y tromper impudemment avec toutes les servantes du canton de Vaud. La malheureuse avait dû regagner Paris à pied et demander à la justice de la protéger contre ce monstre. La justice n'avait pas failli à sa tâche et les dignes magistrats dont on discute aujourd'hui l'inamovibilité avaient fait leur devoir jusqu'au bout, en traitant ce drôle de la belle façon. Sa femme aurait pu le faire condamner au bagne, mais elle s'était contentée de l'envoyer se faire pendre ailleurs et de s'en séparer judiciairement. Il avait lu l'arrêt. Eh bien, c'était du propre, et de pareils maris mériteraient toutes les morts ! Ah ! le pauvre ange ! comme elle avait lutté ! Comme elle avait souffert !

Vous l'avez deviné comme moi : l'ange de Jacques, la martyre innocente, c'était tout simplement la belle Olympe.

— Et croirais-tu, me disait Jacques, avec une indignation croissante, que la loi donne encore des droits à ce misérable sur cette pauvre créature ! Sous prétexte qu'elle porte encore son nom... — et quel nom ! il est grotesque ! — il peut toujours se donner l'infâme plaisir de la surveiller, d'épier sa conduite, de la condamner à un éternel veuvage ! A vingt ans ! Car elle a vingt ans maintenant ! En vain la nature proteste, en vain sa jeunesse s'épanouit dans un triomphant éclat, en vain la fleur du désir s'ouvre rouge et frémissante sur ses lèvres parfumées...

— Comment, interrompis-je pour couper court à ce débordement de lyrisme, elle n'a pas pris d'amant ?

— Sapristi si ! riposta Jacques avec un éclair de fierté dans l'œil.

— Eh bien alors, qu'est-ce que tu me chantes avec ta nature, ta jeunesse et ta fleur du désir ?

— Je ne chante pas, je constate que nous sommes obligés de prendre mille précautions ridicules, que nous tremblons toujours comme deux coupables, que cet animal nous gêne horriblement et qu'une loi qui permet ça est une loi indigne ! Voilà tout.

Quelques mois après ce petit entretien — pardieu ! il y a précisément huit jours — le hasard me fit rencontrer Cascamille qui ne me voulut pas quitter qu'il ne m'eût offert un verre de bière. Il était onze heures du soir, et nous entrâmes dans une brasserie où je constatai que mon vieil ami avait pris les plus aimables habitudes d'ivrognerie. Cascamille but positivement comme un trou et, tout en buvant, il bavardait à incommoder une pauvre pie qui sautillait, au-dessus du comptoir, dans une cage d'osier. Je me gardai bien de lui parler de sa femme, mais lui ne me parla guère d'autre chose. — Eh bien ! il s'en moquait un peu, de cette drôlesse ! Il était assez heureux depuis qu'il en était débarrassé ! Mais il ne la laissait pas tranquille pour cela ! Tous les jours il lui faisait de mauvaises niches. Elle habitait là, tout à côté, au 14 bis de la rue Condorcet, au second. Ce soir même, il avait chargé un ami demeurant dans l'appartement au-dessus de donner violemment, vers minuit, des coups de pied dans le plafond pour lui faire peur. Et lui-même, il passait toutes les nuits, en rentrant, devant sa porte et jamais sans y laisser les traces du plus exubérant mépris. C'est uniquement pour se mieux venger qu'il s'emplissait démesurément de bière.

Et, m'entraînant de force avec lui, il m'amena devant la maison signalée et, malgré mes protestations contre le mauvais goût et la puérilité de cette manifestation diluvienne, il se mit en devoir de *compisser fort aigrement,* comme dit François, mon maître, l'huis innocent de Mme Cascamille.

Mais, tout à coup, une fenêtre s'ouvrit au second, un sillon noir raya le mur tout blanc de lune et j'entendis Cascamille pousser, en s'affaissant, un épouvantable cri. Je m'élançai. Un homme venait de lui tomber sur la tête, un homme qui se releva avec la rapidité d'un ressort qui se détend. Je m'élançai vers cet assassin. O stupeur ! je me trouvai vis-à-vis de Jacques, qui, me prenant les mains fiévreusement :

— On vient ! Dis comme moi, ou tout est perdu !

Et, de fait, la clameur de Cascamille avait réveillé tout le quartier. On accourait et, de toutes les portes : « Qu'est-ce ? — Qu'y a-t-il ? — Au voleur ! — A l'assassin ! » Tous ces cris se croisaient de fenêtres à fenêtres, tandis qu'au loin se perdait dans le silence le roulement d'un fiacre attardé.

— Il y a, messieurs, dit imperturbablement Jacques, qu'en passant dans la rue j'ai vu ce pauvre diable tomber de la croisée du second.

Et il montrait Cascamille, encore étourdi, presque évanoui et qui geignait, comme une chatte en gésine, pelotonné sur lui-même par le choc qu'il avait reçu.

Mme Cascamille aussi se mit à la fenêtre.

— Descendez ! madame, descendez ! lui cria Jacques. — Et elle descendit ; et quand elle vit son époux étendu là et presque sans mouvement, elle se mit à pousser des cris de douleur hypocrites et perçants, comme quelqu'un qui ne sait que dire, mais sait bien qu'il faudrait dire quelque chose.

— Faites remonter votre mari chez vous, madame, dis-je alors avec autorité et à la grande stupéfaction de Jacques.

Quelques gens de bonne volonté soulevèrent l'infortuné Cascamille, toujours sans grande connaissance et qui se laissa emporter comme une masse inerte à l'intérieur de la maison, tandis qu'au dehors la foule se dispersait avec force commentaires.

— Eh bien ! maintenant, dis-je vivement à Jacques, daigneras-tu m'expliquer tout ce que cela signifie ?

— C'est bien simple, me répondit-il. J'étais chez l'ange dont je t'ai parlé...

— La femme du monstre ?

— Précisément. Tout à coup, vers minuit, un bruit épouvantable a ébranlé la maison. Elle a eu peur. Elle m'a supplié de fuir. Mais nous étions dans l'obscurité, et la clef de la chambre fermée à deux tours était tombée. Impossible de la retrouver. Ma foi ! je recommandai mon âme à Dieu et je sautai par la fenêtre. Tu sais le reste !

— Et toi, tu sais que c'est le mari que tu as aplati de cette belle façon. Tu as eu une certaine chance de ne pas t'empaler en lui tombant sur la tête. Je dois te dire que j'avais à peu près tout deviné, et que je n'ai pas trouvé de meilleur moyen pour nettoyer la situation que de faire rentrer Cascamille évanoui chez sa femme.

— Ah ! merci, d'avoir sauvé l'honneur de celle que j'aime !

Et Jacques s'en alla en se frottant le dos, car lui aussi se ressentait un peu de la chute.

Deux jours après, je lisais dans *l'Invention politique et littéraire*, le journal le mieux informé de Paris, les lignes suivantes sous cette rubrique : *Un nouveau Roméo*.

« Encore un drame de l'amour, mais consolant, celui-là, et tout à l'honneur de la morale. Un homme, fort estimé dans son quartier, M. C***, s'était séparé judiciairement de sa femme à la légère, il y a deux ans. Mais bientôt, ne pouvant plus vivre sans elle, n'osant braver cependant le ridicule d'une réconciliation publique, après le scandale d'un procès, il l'allait voir furtivement toutes les nuits, comme un amant, et, pour se mieux cacher, entrait et sortait par la fenêtre d'où sa femme lui tendait une échelle de soie. Hier l'échelle s'est rompue, et le malheureux a failli se tuer sur le pavé. Mais à quelque chose malheur est bon. Cet accident, en permettant à M. C*** de rentrer officiellement chez lui, a mis un terme à une situation fausse et qui, un jour ou l'autre, aurait pu compromettre une femme digne de tous les respects. »

— Canaille de Jacques ! m'écriai-je ! si tu crois que je ne reconnais pas ta prose !

Et la conclusion de cet impudent entrefilet était de tous points exacte !

Quand, le lendemain de sa chute, Cascamille voulut reprendre sa liberté :

— Mon chéri, lui dit la belle Olympe, vous n'ignorez pas que la séparation de corps tombe par le seul fait d'un rapprochement constaté entre les deux époux. Le Code est formel à ce sujet. Or, il est maintenant de notoriété publique

que vous avez passé la nuit avec moi. Nous ne sommes donc plus séparés et vous allez payer les dettes que j'ai faites. Vous êtes arrivé à point pour cela. De plus, vous me devez, comme par le passé, une place à votre foyer et à votre table. Nous ne nous quitterons plus, parce que je vous suivrai partout. Et maintenant vous aurez beau constater que je vous trompe, les tribunaux vous enverront promener en vous traitant de monomane, si vous demandez une nouvelle séparation. Le mieux que vous ayez à faire est de m'embrasser et de simuler la plus grande joie de notre réconciliation.

— Oh! les femmes! ajouta le commandant Laripète en me rapportant ce bout de conversation qu'il tenait de Cascamille lui-même!

— Eh bien ?

— Eh bien, le pauvre Cascamille ne peut plus faire un pas sans sa femme ; dans le quartier, on ne les appelle plus que les **deux tourtereaux** !

XVI

DE MAL EN PIS
(IMITÉ DE CALDERON)

— L'admirable créature ! me dit hier mon ami Jacques en me prenant le bras et en me montrant du bout du doigt une jeune femme qui marchait devant nous sur le boulevard.

— Imbécile ! me contentai-je de lui répondre avec une franchise toute civile.

— Comment, imbécile ! reprit-il avec feu. Mais regarde donc un peu cette olympienne tournure, cette structure à la Médicis, ces épaules presque étroites d'où le col jaillit comme celui d'un cygne, cette taille allongée et piquée comme une flèche dans le rebondissement des hanches. Ne dirait-on pas la forme pure de l'amphore grecque où Phidias buvait le vin de la beauté ?

— Imbécile ! répétai-je un peu plus fort, ne vois-tu pas que cette drôlesse a une crinoline ?

— Une crinoline ?

Et je vis mon incrédule de Jacques s'élancer pour renouveler, sur l'objet de son enthousiasme, les immortelles expériences de saint Thomas. Mais je l'arrêtai vivement :

— Malheureux ! lui dis-je, ne vois-tu pas que nous passons devant les bureaux de *Gil Blas ?* Tu veux donc encore faire remarquer ces messieurs ? Et puis, d'ailleurs, enfant que tu es, repris-je plus doucement, quelle fleur d'innocence as-tu donc secrètement cultivée pour que de pareilles choses ne te sautent pas aux yeux ? C'est un art assurément délicat que celui qui vous permet de déshabiller immédiatement une femme par la pensée, mais il existe, pour la plus grande joie des vrais observateurs. Les restitutions historiques les plus célèbres de Champollion sont infiniment moins intéressantes que celle-là. La théorie de Lavater établissant une symétrie sympathique entre les signes du visage et ceux du reste du corps est une plaisanterie. Ce qui est vrai, c'est que la femme en montre toujours assez pour qu'un œil exercé, servant un sens plastique sûr, la devine tout entière. Ainsi Mlle.....

— Une crinoline en 1881 !

Et Jacques prit un air navré qui me fit d'abord rire

— Oui, mon cher, lui dis-je, et c'est la quatrième que je vois depuis le commencement de la semaine.

— C'est affreux ! soupira-t-il d'une voix tellement altérée, que je devins tout à coup inquiet.

— Eh! mon Dieu! Qu'est-ce que cela peut te faire? Tu regarderas mieux, voilà tout !

— Tu ne sais donc pas, mon pauvre ami, qu'une crinoline a fait le malheur de la personne qui me fut le plus tendre au monde, de celle qui me servit de mère ?

— Ton excellente tante Aurore?

— Certainement. Et si tu veux bien que nous nous asseyons un moment, je vais te conter comment.

— A merveille.

C'est donc mon ami Jacques qui va parler maintenant.

Ma tante Aurore, que tu as connue au couvent, belle encore, mais non plus des grâces de la jeunesse, avait été tout simplement un miracle d'élégance et de majesté. Son aspect était le plus noble du monde, et elle était vraiment fort recherchée quand elle fixa l'attention du marquis de Monte-Cucufa. Ce gentilhomme italien avait longtemps habité la Turquie et en avait rapporté sur la beauté des femmes des idées qui n'ont pas cours en France. Les mignonnes lui faisaient positivement horreur. Les seules qu'il daignât regarder étaient celles dont la santé fleurissait le visage et dont un aimable embonpoint modelait les charmes apparents. Ma tante rentrait absolument dans ce programme. Grande, un peu forte pour son âge, ayant la démarche d'une Junon ou d'une Minerve plutôt que d'une simple Aphrodite, elle offrait aux regards une ample moisson d'attraits. C'était à l'époque où le ridicule objet dont nous parlions tout à l'heure était en honneur et son usage achevait de donner à ma tante quelque chose de troublant et d'imposant à la fois. M. de Monte-Cucufa lui demanda sa main dans les quarante-huit heures. La pauvre Aurore accepta et le mariage se fit avec une foudroyante rapidité. J'étais presque encore un enfant alors, et je me rappelle, comme d'hier, l'empressement du marquis. On dîna à deux heures de l'après-midi, et à sept heures tous les invités étaient à la porte.

Je fus réveillé dans la nuit !

— Assez !

— Ne sois donc pas si impressionnable.

Je fus réveillé, dans la nuit, par le bruit d'une chaise de poste qui emportait une véritable tempête de grelots. C'était M. de Monte-Cucufa, mon nouvel oncle, qui reprenait le chemin de Constantinople, mais sans emmener ma tante. Le lendemain matin, j'entrai dans la chambre nuptiale et trouvai ma protectrice toute en larmes. Sa crinoline gisait à terre et mes yeux étonnés y lurent ces mots écrits de la main du marquis :

'Souvent femme varie
Bien fol est qui s'y fie !

Ma tante se retira dans une vieille propriété de notre famille, emportant avec soin l'objet maudit, comme pièce à conviction des mauvais procédés de son époux. Comme j'étais au collège en ce moment-là et qu'elle avait de grands besoins d'affection, elle s'attacha à la fille du jardinier, Rosette, une jeunesse très reluquée des galants de l'endroit et que l'excellente Aurore se promit de défendre contre eux. Un seul, Pierre, qui disait venir pour le bon motif (notez que les autres sont encore meilleurs), était reçu, et encore ne laissait-on que rarement les jeunes gens ensemble. Rosette avait pour la coquetterie un penchant qui inquiétait beaucoup ma tante et avait déjà fait jaser sur son compte.

La façon de retraite, où elle vécut quand elle passa le plus long de son temps au château, tenant compagnie à son institutrice volontaire, ne fit pas taire les cancans — au contraire.

Enfin la Saint-Ildefonse, date de la fête patronale de Mennecy étant arrivée, Rosette obtint la permission d'aller au bal. Ma tante la para elle-même avec un soin et un orgueil vraiment maternels. Coupable faiblesse ! Elle lui prêta, pour cette fois seulement, la crinoline célèbre qui devait répandre un parfum de *high-life* inattendu sur la villageoise assemblée. Comment Rosette l'attacha-t-elle à sa jolie ceinture ? Toujours est-il qu'après avoir longtemps dansé une de ces bourrées de l'Ile-de-France où l'on trinque autrement qu'avec des verres, l'engin fatal avait complètement tourné et passé de derrière par devant, sans que la pauvre fille s'en fût le moins du monde aperçue ; si bien qu'elle marchait, en revenant, au bras de Pierre, précédée d'un ventre artificiel qui attira tous les malins regards. On chuchotait autour d'elle, il fallait voir comme ! Martin, le sonneur, seul, ne disait rien, lui plus sournois que tous les autres. Mais, huit jours après, Rosette ayant reparu dans la sincérité de ses appas naturels, la justice descendait chez ma tante et une enquête commençait, le bruit d'un infanticide ayant couru tout le pays, grâce à ce polisson de Martin.

La chose vint devant les tribunaux, et il fallut, pour dissiper les derniers doutes, que, dans une audience à huis-clos, Rosette fît faire à la crinoline la manœuvre qui l'avait tant compromise. MM. les jurés ne dormirent pas à cette séance-là, et Phryné-Rosette gagna son procès. Mais ma tante était à jamais dégoûtée de ce pays.

Elle se mit à voyager. Sa demoiselle de compagnie était une Anglaise longue et diaphane, fort instruite d'ailleurs et de mœurs austères, mais qui ne semblait poser à terre que par un effort de volonté et qu'un naturaliste superficiel eût prise certainement pour la mère de son parapluie. Ce pur esprit, qui répondait au doux vocable de miss Levrett, avait un des appétits les plus formidables du siècle. Jamais de pain, mais des farineux à outrance. On pensait, malgré soi, en la voyant à table, à ce fabuleux tonneau des Danaïdes, où l'on versait infiniment plus d'eau qu'il n'en paraissait pouvoir contenir. Mais, au moins, savait-on, pour celui-là, qu'il avait une fuite secrète. Miss Levrett n'avait jamais rien révélé de semblable, et l'hygiénique promenade qu'elle accomplissait, seule, après chaque repas, sans qu'on la perdît pour cela de vue, n'avait pu trahir le mystère de ses engloutissements.

Or, il advint que ma tante Aurore eut le désir de faire en compagnie de quelques touristes une ascension au mont Blanc, et que miss Levrett l'encouragea dans cette imprudente fantaisie. Le fait est qu'on partit, un jour, sous les premiers feux de l'aurore, après s'être consciencieusement lesté pour une telle débauche de marche. Miss Levrett, en particulier, s'y était préparée par une véritable orgie de haricots. Comme on avait coutume de rire, derrière elle, de ses formes absolument plates, elle avait prié ma tante de lui prêter la fameuse crinoline, et celle-ci avait eu la faiblesse de céder. La pudibonde Anglaise s'était enveloppée, par dessus, d'un vêtement en caoutchouc absolument imperméable et qui lui descendait en cloche, jusqu'aux pieds.

Or, à mesure qu'on gagnait en altitude et que la raréfaction sensible de l'air devait donner aux gaz enfermés une force expansive croissante, miss Levrett semblait de plus en plus mal à l'aise. Elle évitait visiblement la compagnie et cherchait l'isolement. Tout à coup, elle sembla sa transfigurer dans une radieuse grimace de soulagement. En même temps, son caoutchouc, soulevé sur sa crinoline, se gonflait comme une montgolfière ; — une séraphique musique semblait sortir de dessous elle ; ses pieds quittaient la terre et elle s'enlevait dans l'air, sans même que des anges bouffis prissent la peine de lui souffler aux mollets, comme dans l'*Assomption* de Murillo.

Un cri d'angoisse s'échappa de toutes les poitrines.

Inutile clameur ! Un vent léger emportait miss Levrett vers les pics voisins. Bientôt elle ne fut plus qu'un point noir dans l'immensité. Deux jours après, on retrouvait son corps sur une montagne située à plus de vingt lieues de là. Elle pesait si peu que la chute ne l'avait pas meurtrie et qu'elle semblait sourire encore avec une indéfinissable expression de béatitude. Peut-être que, comme le Misaël de M. Deroulède, elle avait vu Dieu.

Ma tante aussi, car elle était lasse du monde. Elle entra dans une maison de refuge ; auparavant, toutefois, elle conta cette dernière histoire à un homme de sciences qui fit un mémoire contre les crinolines et inventa les petits ballons du Louvre.

XVII

LA FEMME DE NEIGE

Le discours latin soit rendu à l'amour des écoliers — ce dont je me moque, d'ailleurs, ayant passé l'âge d'en faire — si le récit que je commence n'est pas véridique en tous ses points ! Et la preuve, c'est que je dirai, dans ses moindres détails, cette aventure (argument que je conseille aux menteurs pour la confusion des imbéciles) ; ainsi c'est à deux heures vingt-cinq *pour le quart,* comme on dit au théâtre, à une table à droite du café Riche, la troisième de sa travée, devant deux tasses de moka mâtiné de martinique, un flacon de chartreuse jaune et une bouteille de kirsch, que M. le baron de Castel-Bouzin et son ancien camarade au collège de Beaucaire, Aristide Rabasson, causaient comme il suit, le 26 juillet de l'année dernière.

— Quel déjeuner, hein ! mon cher, disait M. de Castel-Bouzin, un beau sur le retour, mis avec une évidente recherche. T'es-tu régalé, au moins, mon pauvre Rabassou?

— Exquis! répondit Rabassou, un petit dégingandé aux cheveux en broussailles, avec deux yeux noirs comme des perles de jais. Exquis, biédasé, mais pas assez d'ail dans les meringues. Allons! coquinasse, qu'est-ce que tu as à me demander?

— Fi! le vilain mot, Rabassou!

— C'est que je te connais, Castel-Bouzin, continua le convive de M. le baron avec cette faconde généralement trop franche des gens qui viennent de se restaurer à l'excès, et, sans reproche, mon cher, voilà bien vingt ans que je ne te vois absolument que lorsque tu as besoin de mes services. Avoue que cela est drôle de toi à moi. Car tu es riche et je suis sans le sou; tu as une grande situation dans le monde et j'y traîne la guenille; tu as un intérieur et je n'en ai point. Quand je pense que tu ne m'as jamais même invité à aller chez toi!

— Mon ami, c'est que tu ne connais pas ma femme. Mme de Castel-Bouzin est une femme charmante, mais d'un collet-monté! Moi, je sais ce que tu vaux, mais elle! elle ne verrait en toi que le laisser-aller de ta tenue, inguérissable bohème. Je suis sûr qu'elle ne t'adresserait seulement pas la parole, et je ne veux pas qu'un vieux compagnon comme toi franchisse mon seuil pour y être humilié !

— Tu peux me faire habiller chez ton tailleur, si cela te fait plaisir, hasarda Rabassou.

— Ah ! mon cher, mais ses habits ne t'iraient pas ! Tu perdrais ce charme indépendant que j'adore dans ta personne, ce je ne sais quoi qui te fait comme une beauté du diable. Va, reste comme tu es, Rabassou, continua M. de Castel-Bouzin avec une pointe d'attendrissement hypocrite. Tu as pris le vrai chemin dans la vie, heureux insouciant, et si c'était à recommencer...

— Ne dis donc pas de bêtises et arrivons au fait, interrompit Aristide. En quoi puis-je t'obliger ?

Les deux amis s'étaient levés et suivaient le boulevard, en poussant dans l'air chaud de petits panaches de fumée blanche, comme pour faire sentir aux passants l'haleine de leurs cigares excellents.

— Peux-tu me prêter encore ta chambre? dit M. de Castel-Bouzin.

— Pour y recevoir une drôlesse, coquinasse ?

— Tu l'as dit, mon cher Rabassou.

— Ah ça, quand te rangeras-tu ? N'es-tu pas las de tromper ta femme ?

— C'est que tu ne connais pas madame de Castel-Bouzin. Une femme charmante, je dirai plus, une grande beauté, de la distinction à revendre, de l'esprit à n'en savoir que faire, une vertu à toute épreuve avec cela...

— Eh bien, mais...

— Mon ami, une femme de neige ! Nous autres, de Tarascon, il nous faut de la passion, biédasé ! J'adore ma femme, mais je crois que je pourrais rester un mois sans lui en rien témoigner...

— Tu as de la chance, dit philosophiquement Rabassou.

M. le baron éclata de rire.

— Ah ça, Rabassou, est-ce que tu serais aussi marié ?

— Dieu merci, non ! Mais j'ai des maîtresses, petit, de fort belles maîtresses ! « La maîtresse est la femme du pauvre, » a dit M. Prudhomme... et je t'avoue que l'héroïne de mon dernier roman est en train d'effeuiller un peu vite les dernières roses de ma jeunesse.

— Un roman, monsieur Rabassou ! Je te disais bien que tu étais le plus heureux des hommes !

— Le fait est que c'est une drôle d'histoire... Voilà bientôt trois mois que cela dure... N'est-ce pas que j'ai pâli ?...

— Tu es rouge comme une pivoine.

— C'est cette meringue fade qui me congestionne... Enfin, voilà trois mois que cette dame, à qui j'avais rendu, au moment où elle descendait de voiture, le plus banal des services, vient régulièrement me voir, me consacre les meilleures heures du jour, et je ne connais même pas son nom !... Au reste, tu sais que je ne suis pas curieux, et l'anonymat de ce qu'elle me donne ne me gêne en rien... Elle a le port imposant de Minerve, la noble anatomie de Vénus, une grâce parisienne avec tout cela...

— Et c'est... ?

— Une femme de feu, mon ami ! Je suis auprès d'elle comme un serpent sur la braise. Elle me consume avant l'âge. Je m'évapore comme un grain d'encens. Est-ce que je ne sens pas le brûlé ?

— En effet, ton cigare est en train d'incendier ta redingote, répondit stupidement Castel-Bouzin, qui écoutait passivement en écarquillant des yeux humides et perdus dans quelque rêve fou.

— Il faudra que j'y renonce ! conclut, avec un petit air fat, M. Rabassou.

— Tu me feras signe, riposta le baron.

Les deux amis venaient de tourner la rue de la Chaussée-d'Antin.

— Et quel jour monsieur a-t-il besoin de mon palais ? demanda Rabassou.

— Aujourd'hui même.

— Diable ! et à quelle heure ?

— A quatre heures... dans un moment.

— Désolé, mon pauvre Castel-Bouzin, mais c'est impossible.

— Ah ! mon Dieu !

— A quatre heures et demie sonnantes, j'attends la dame mystérieuse, et j'allais te quitter dans un instant pour aller tasser, en l'attendant, les plumes de notre nid.

— Rabassou, tu te tueras avec cette existence-là. Je ne te l'avais pas dit, mais je t'ai trouvé très changé. Après un déjeuner pareil...

— Dis donc, Castel-Bouzin, mais il me semble que toi-même...

— Moi, j'y suis habitué, et puis je ne suis pas sanguin comme toi. Te rappelles-tu au collège ? tu avais toujours des saignements de nez.

Rabasson avait un travers mignon. Il tenait extraordinairement à la vie.

— Vraiment, dit-il à Castel-Bouzin, je crois que tu as raison. Ces entremets sans épices !... je ne me sens pas très bien. Et puis, tiens, cette liaison-là tournait à l'habitude. Je ne veux pas de chaînes, moi. Cette femme me réduirait à rien. Elle devenait maîtresse chez moi. Ne s'est-elle pas fait faire une clef de mon appartement ? J'ai encore le temps de la prévenir pour aujourd'hui, et ce sera une fois pour toutes. Tu viens de me rendre là un fameux service !... le premier.

Et, entraînant son compagnon charmé chez Péters, le sieur Rabassou y rédigea, à l'adresse de la dame trop aimante, une lettre de rupture en forme. Car, sans lui avoir dit où elle demeurait, la belle inconnue lui avait donné les moyens de correspondre avec elle par un tiers, comme cela se fait souvent entre gens qui ont des précautions à prendre.

— Elle aura le poulet dans un quart d'heure, fit-il en mettant la lettre dans sa poche. Adieu. J'ai besoin de prendre l'air. Tu connais les êtres. Voici le passe-partout. Bonne chance, débauché !

Et il serra la main de Castel-Bouzin qui n'en demandait pas davantage, puis il s'en alla en chantonnant, comme ne manquent jamais de le faire, avec un à-propos exquis, les gens qui quittent une maîtresse :

> Comme la plume au vent
> Femme est volage !
> . . . .

Nous voici chez Rabassou. Rien de fastueux, mais un admirable désordre. Les rideaux fermés et ne laissant filtrer qu'une clarté douteuse ne nous permettent d'apercevoir qu'à la longue les nouveaux habitants de ce séjour modeste. Ils sont deux, mais aucun bruit ne trahit leur présence. M. de Castel-Bouzin a le bonheur silencieux et l'extase discrète.

Tout à coup la pendule — une affreuse pendule Empire avec un Orphée en cuivre dessus — sonna quatre heures et demie.

— Ah ! dit une voix claire de femme sur le mode traînant des alanguissements.

Puis plus rien. L'ombre sans bruit.

Soudain une clef glisse furtivement dans la serrure, une dame entre brusquement et, courant à la fenêtre, écarte vivement les rideaux, comme si une jalousie secrète la poussait violemment en avant.

Il n'est rien comme le côté critique de certaines situations pour donner une grande rapidité à l'esprit. Castel-Bouzin comprit tout de suite. Cet animal de Rabassou, qui était à peu près ivre, avait gardé la lettre dans sa poche ! Sa maîtresse venait à l'heure dite !

— Excusez, madame, commença-t-il du ton le plus courtois.

Mais il resta comme anéanti et stupide. Les rideaux étaient grands ouverts, on y voyait clair dans la chambre, et la femme qui était devant lui c'était... sa propre femme.

Il eut comme un grognement rauque dans la gorge :

— Misérable !

Mais Mme de Castel-Bouzin avait déjà repris tout son sang-froid et mesuré d'un coup d'œil les distances. Elle était là, debout et fière, non pas comme une coupable, mais comme un juge.

— On m'avait dit que vous me trompiez, monsieur, dit-elle d'une voix ferme à son mari, et je n'en voulais rien croire. La fantaisie m'a prise cependant de connaître la vérité. Je vous ai fait suivre, j'ai payé ce qu'il a fallu une clef de cet appartement. J'ai maintenant des preuves. Je ne ferai pas de scandale, mais vous ne trouverez pas mauvais qu'à mon tour je prenne des amants.

Le baron était confondu de tant d'audace.

Cependant Rabassou, qui avait retrouvé la lettre dans son paletot, accourait comme un fou.

— Je ne vous connais pas, monsieur, lui dit la baronne, mais veuillez me donner le bras pour sortir.

Et elle salua Castel-Bouzin avec une dignité parfaite.

Dans l'escalier, elle se jeta dans les bras de Rabassou.

— Ah ! mon ami, lui dit-elle, mon Aristide ! quel amour ingénieux est le tien ! Ce que tu as fait pour me dégoûter de mon mari est un trait sublime. Nous partirons ensemble demain.

Rabassou n'était guère moins abruti que son ami.

Il y a une morale à cette histoire, ajouta Jacques, et la voici :

Les hommes qui, d'après leurs impressions personnelles, osent dire d'une femme : « C'est un glaçon ! » ou : « C'est une braise ! » sont les rois des sots. Comme le feu, la neige brûle.

XVIII

LA FÊTE DE SAINT-CLOUD [1]

La voilà donc revenue, cette dernière fête de l'année foraine, avec sa couronne de raisins verts, son cortège de chevaux de bois, ses fanfares de mirliton et le souvenir d'Hélène !

Il y a dix ans de cela, et pourtant j'étais déjà sorti depuis longtemps de nourrice. Hélène était dans tout l'éclat de sa beauté insolente et moi dans toute l'angoisse de mon martyre. C'est que je l'avais terriblement aimée et que je l'aimais encore, cette splendide créature aux yeux plus menteurs que les lèvres, au cœur plus menteur que les yeux, cet être fait de perfidie douce et d'hypocrite compassion, si femme, si parisienne !

Quand j'avais compris qu'elle était au bout de son caprice pour le passant que j'avais été, j'avais voulu la fuir, mais son mari ne l'avait pas en-

---

1. Cette histoire fait partie des mémoires de Jacques.

tendu ainsi : cet homme, qui, malgré beaucoup de travers, avait un certain goût, adorait ma compagnie, ma modestie lui plaisant infinement. Un homme comme tous les autres, ce Daffieu, un mari comme tous les maris, confiant jusqu'à la stupidité et ne voyant rien de ce qui se passait sous le ciel même de son lit. Car Hélène nous trompait tous deux : seulement, moi je m'en étais aperçu et lui ne se doutait de rien. Il aimait déjà Léopold, notre rival, et ne pouvait plus se passer de lui ! Rien ne m'échappait, vous dis-je, et je ne pouvais pas parler ! Je n'avais même pas la ressource de dénoncer loyalement ce mécréant à notre commune victime ! Hélène avait encore des lettres de moi qui m'auraient fait mourir de honte. Ah ! si vous n'avez jamais été l'amant jaloux de la femme d'un mari aveugle ou débonnaire, ne me parlez jamais de vos enfantines tortures. Le véritable enfer est là, entre cette maîtresse qui vous gouaille et cet ami qui vous assassine de sa bêtise et de ses bontés !

C'était un samedi et nous étions à table tous les quatre, car cette canaille de Léopold avait pris aussi pension à la table. Indélicate nature, va ! Est-ce qu'on doit manger chez les gens qu'on cocufie ? Enfin, nous étions quatre et Daffieu était d'une insupportable gaieté. Il nous en racontait une bien bonne et bien nouvelle ! Cette vieille plaisanterie d'Henri Monnier baisant sa propre main, sous un tunnel, pour faire souffleter par un époux emporté l'innocent vis-à-vis de sa femme en chemin de fer.

— Il faut que nous la fassions un de ces jours ! conclut-il avec un gros éclat de rire.

— Nous la ferons, dit Léopold en jetant un regard d'intelligence à Hélène.

Et Daffieu ajouta, en frottant ses larges mains :

— Mes enfants, je vous emmène demain à la fête de Saint-Cloud !

Ah ! le délicieux chapeau rose qu'avait Hélène et le ridicule complet que portait Léopold ! Je ne me rappelle plus comment était mis Daffieu. Il y avait un monde fou au train, mais nous étions arrivés des premiers et, tout de suite, dans le wagon, Léopold s'était mis dans un coin vis-à-vis d'Hélène, moi tout près de Léopold et Daffieu à l'autre bout de la voiture. Sur l'impériale, au-dessus de nous, des joueurs de fanfare secouaient, dans la fumée, des airs de trompe, je ne sais quel hallali qui me faisait imaginer Daffieu sous la coiffure d'un cerf aux abois. Nous venions d'entrer dans le tunnel qui sert de cave à la place de l'Europe et il faisait noir comme dans l'âme d'un damné. Un véritable feu d'artifice de baisers sonores retentit à côté de moi. Mais vous pensez bien que Léopold ne se baisait pas la main. Pas si bête ! et il s'en donnait, à pleines lèvres, sur la bouche rose d'Hélène. Je n'y tins plus et, pour jouer mon rôle dans cette parodie de la saynète de Monnier, j'appliquai sur la joue de l'insolent une gifle qui fit trembler les carreaux.

Quand le jour rentra dans la voiture, filtrant d'abord comme une eau de source, puis en large ondée de lumière, j'aperçus, puis je vis distinctement Daffieu qui se tordait littéralement de rire et tenait à poignées son gros ventre de bourgeois.

— Mon cher Léopold, exclama-t-il enfin, dès qu'il put articuler un son, vous l'avez faite à ravir !

Et tous nos compagnons partagèrent son hilarité.

Seul, Léopold, dont la joue aurait pu être servie comme quart de homard dans un restaurant à quarante sols, ne riait que du bout des lèvres.

— Monsieur, me dit-il à voix basse, vous me le payerez !

Mais Hélène, qui comprenait seulement, lui prit vivement le bras et commença à lui chuchoter à l'oreille d'inintelligibles paroles. Il refusa d'abord, puis il parut se laisser convaincre.

Je n'entendais pas un traître mot de leur entretien ; mais l'amour pressent et la jalousie devine. Je compris qu'ils méditaient des projets de fuite, et je fus épouvanté.

Pendant ce temps, M. Daffieu montrait à ses voisins le mont Valérien, et leur expliquait que si on avait pu le reculer jusqu'à Cormeille, les Prussiens auraient certainement levé le siège de Paris.

Nous étions arrivés ; nous avions descendu la raide pente qui fait que les chèvres elle-mêmes hésitent à habiter Saint-Cloud où, de fait, vous en voyez fort peu ; la fête étalait autour de nous sa théorie de boutiques en plein vent, au bout de laquelle un brouhaha de musiques bohèmes mêlait tous les airs connus dans un immense pot-pourri : le trombone mugissait, les cymbales éternuaient, la grosse caisse tonnait, la petite flûte geignait, et tout cela sur des motifs différents, se croisant en larges volées de cuivre et en sifflements de bois.

Et cet étrange concert, emporté sur les ailes d'une chaude odeur de pommes de terre frites, montait lourdement vers les feuillages déjà rouillés par l'automne, vers les collines ombreuses du vieux parc dont les gazons verts encore étaient tout fleuris d'amoureuses échevelées, cependant que la Seine, comme un ruban d'acier bleu, fermait cette corbeille de joies folles et de bruits insensés.

Daffieu marchait devant nous en jouant du mirliton à joues déployées.

Les deux complices le suivaient, plus animés que jamais et discutant, sans doute, l'heure du crime, Moi, j'étais là comme leur ombre, méditant d'inutiles vengeances et d'impossibles trahisons.

Une montreuse d'ours commençait ses exercices, une Gitane de Montmartre, mais de l'extrême Montmartre, du Montmartre de derrière le moulin de la Galette. Son élève, debout devant elle, un anneau dans le nez, roulait maladroitement un gros bâton entre ses épaisses pattes velues. Cet animal, que les savants s'obstinent à appeler Martin, a le don de réjouir singulièrement le populaire.

La foule, toujours généreuse, aime beaucoup à lui cracher sur le nez quand il est attaché. Celui-là n'était pas fort grand; et il m'a paru qu'il aurait eu besoin d'avoir un maître à danser. Bientôt le public avait formé, autour de ce couple bizarre, la femme et l'ours, un de ces cercles humains que les coudes les plus pointus et les plus impatients ne parviennent pas à rompre, une de ces prisons d'épaules et de hanches où l'on se sent pressé comme dans un étau, et d'où la fuite est impossible.

Daffieu était près de moi. Mais quand je regardai par derrière, je ne vis plus ni le chapeau rose d'Hélène, ni le nez ridicule de Léopold. Un brouillard passa devant mes yeux ; ils étaient partis, sans doute, partis pour toujours !... Ils avaient bien choisi leur moment.

Daffieu racontait à ses camarades « de bagne »

comment les amazones apprenaient autrefois la musique aux ours en leur donnant des tartines de miel quand ils avaient bien chanté. Une vieille dame ayant révoqué en doute cette histoire, Daffieu la convainquit en lui prouvant que, maintenant encore, le pain d'épice éclaircit la voix. S'il n'éclaircissait que cela, les artistes lyriques s'en nourriraient même exclusivement.

Oh ! l'insipide bavardage ! Oh ! le stupide mari ! Enfin ! la Gitane fit la quête. Je lui jetai la première pièce d'argent qui me tomba sous les doigts.

— Mâtin ! me dit Daffieu, quarante sous ! vous y allez bien, mon gaillard !

Puis enfin, regardant autour de lui :

— Ah ça, et nos étourneaux ! Toujours les mêmes ! Ils nous ont perdus. Cherchons-les ! Ah ! les sacrées têtes de linottes !

Et il me traîna partout, autour des chevaux de bois, devant les baraques, sous le nez des somnambules, cherchant de bonne foi, rigolant tout du long, trouvant l'aventure très drôle, et moi me disant pendant ce temps-là, furieux et la mort dans l'âme : S'ils ont pris le train tout de suite, ils doivent approcher de Pontoise maintenant, et ils n'en reviendront jamais !

— Mon cher, me dit enfin Daffieu, il n'y a qu'un moyen de les retrouver. Partageons-nous la tâche. Allez à droite et moi à gauche. Nous nous rejoindrons au dernier train.

Pars ! pars ! Pauvre bonhomme ! Cherche ! cherche ! infortuné mari ! — Ignore quelques heures encore quelle grande solitude s'est abattue sur ta maison. Assez tôt s'ouvrira devant toi le foyer vide qu'a dépeuplé l'adultère. Car je ne reviendrai plus chez toi ! Ne compte pas sur moi pour te tenir compagnie et pour te consoler. La vue de ce seuil où nous avons été heureux ensemble me ferait trop de mal !

Et je marchais à l'aventure, sur le sable sonore et sur les feuilles tombées, l'estomac vide et le cerveau plein de fumées, dans cette fête bruyante, indifférente, impie aux douleurs discrètes. Las et les jambes brisées, je me laissai tomber dans le premier fauteuil venu, sans le regarder. Une femme me demanda deux sous que je lui donnai sans marchander. Alors le fauteuil fit un petit mouvement, et la femme me dit : « Vous pesez quatre-vingts. » Ça m'était bien égal. Ce qui m'ennuya c'est qu'elle me força ensuite de me lever. J'allai m'asseoir un peu plus loin ; un homme me demanda trois sous. Je ne comptais cependant pas consommer. Mais tout à coup je me sentis enlevé par derrière et emporté dans l'air de la plus déplaisante façon, au milieu d'éclats de rire et sous un vent de jupons affolés. J'étais emprisonné sur le siège d'une de ces machines tournantes qui imitent si bien le mal de mer.

Quand j'en descendis, je compris que la société des hommes n'était pas faite pour les malheureux, et je m'enfonçai dans les profondeurs du parc.

Avais-je dormi ? peut-être, car je me réveillai sur une belle natte de lumière argentée que la lune avait étendue sous ma douleur. Un frisson d'air frais passait dans le feuillage. Il faisait nuit, et quelle belle nuit ! Je me relevai :

— O solitude amie ! pensai-je.

Tout à coup une ombre se détacha d'un fourré, et je vis distinctement venir à moi un ours, debout sur ses pattes de derrière, un ours qui marchait lentement.

J'avais une excellente canne et j'étais résolu à lui vendre chèrement ma vie. Mais lui, s'arrêtant à quelques pas, rejeta, d'un coup de patte sous le menton, sa lourde tête en arrière, et me dit le plus honnêtement du monde :

— Je vous demande pardon, monsieur.

J'étais, je l'avoue, tout à fait interdit.

— Monsieur, continua-t-il doucement en dégrafant péniblement sa peau sur sa poitrine, ce n'est pas exprès, n'est-ce pas? que vous m'avez donné tantôt une pièce de deux francs fausse? Vous m'obligeriez bien en la reprenant. Vous êtes cause que, ma femme et moi, nous n'avons pas pu dîner. Elle m'a engagé à vous chercher pour vous la rendre en échange d'une autre, puisque vous avez eu l'intention de nous obliger.

— Mais, votre femme...

— A deux pas d'ici... Quand il fait beau, nous couchons à la belle étoile. Vite, monsieur, une vraie pièce avant que tout soit fermé à la fête. Si vous-même vous voulez vous rafraîchir?

11.

Ma foi, ça n'était pas de refus ; je mourais de faim tout comme ces pauvres diables. — Ah ! le bon souper que nous fîmes tous les trois ! — Un ménage charmant, uni, fidèle ! — Non ! il y a de braves gens partout ! Ce n'est pas la fortune qui fait le bonheur. J'avais enfin trouvé de vrais amis.

D'autant plus qu'elle était très jolie, la Gitane de Montmartre, et si elle avait eu une seconde peau d'ours....

XXI

LE JOUEUR DE FLUTE

Un coin d'idylle, n'est-pas ?... La grande mer bleue de Syracuse avec son innombrable sourire. Sous un figuier noueux et devant un couchant de pourpre, un berger modulant ses plaintes amoureuses aux pieds d'une nymphe demi nue... C'est charmant, mais vous n'y êtes pas du tout. Mon joueur de flûte ne s'appelait ni Tityre ni Ménalque, et c'est à un sixième de la rue Saint-Georges qu'il façonnait ses accords. De plus, l'aventure ne remonte pas à plus de vingt ans et c'est tout simplement encore mon ami Jacques qui en est le héros. En voilà un qui aura occupé ma plume !

Jacques, cesse d'aimer ou je cesse d'écrire !

Car Jacques aimait, en ce temps-là, comme toujours. Il aimait Hélène, une grande fille blonde, au profil dédaigneux, mais superbe, à la lèvre autrichienne, au menton un peu saillant, mais charnu et modelé en admirables méplats. Une taille fort noble avec cela, s'infléchissant sous une gorge imposante ; des mains un peu longues, mais d'un beau dessin, et des pieds de déesse ; au résumé, une personne fort digne de l'amour d'un connaisseur. Bête avec cela, mais d'une bêtise silencieuse et discrète. Jacques en était littéralement ou. L'homme heureux que c'était ! Il avait une belle maîtresse, et Cascarini, l'éminent directeur du Grand Théâtre de Lutèce, oublié aujourd'hui, mais célèbre alors, venait de lui recevoir une pièce en cinq actes et à grand spectacle, avec musique et chœurs : *Torquemada ou le bûcheron sans le savoir.* Il est vrai que les répétitions de l'ouvrage ne marchaient pas très vite. Mais Cascarini, qui venait d'accumuler les succès, pouvait bien prendre un peu son temps avec le public. D'ailleurs, c'était un jeune qu'il s'agissait de lancer et on ne pouvait opérer avec trop de prudence. Il avait pris Jacques sous son aile comme une poule jalouse et le couvait littéralement. C'est tout au plus si celui-ci pouvait de temps en temps dégager sa tête pour éternuer. Mais que ne doit subir un homme de la part d'un directeur qui va le jouer !

C'est Cascarini qui avait logé Jacques et Hélène rue Saint-Georges.

— C'est bien loin du théâtre, avait hasardé timidement Jacques.

— Oui, mais c'est bien près de chez moi, avait répondu affectueusement Cascarini.

L'appartement était au second, donnant sur des jardins que l'automne avait dépouillés.

— C'est bien cher, avait osé dire Jacques.

— Oui, mais quelle vue admirable ! avait répliqué Cascarini.

Ce dernier avait fait choisir à son ami, parmi les chambres de bonne, celle qui était la plus éloignée de son escalier de service.

— C'est joliment incommode, avait observé Jacques.

— Oui, mais de là on voit tout ce qui se passe dans la cour, avait riposté Cascarini.

Et comme Jacques n'avait plus de volonté que celle de son bienfaiteur, il avait omis de soulever de nouvelles objections et s'était soumis, pour la plus grande gloire de *Torquemada*. Il trouvait seulement que Cascarini aurait pu reconnaître son obéissance en hâtant un peu plus la venue de son chef-d'œuvre. Mais, tous les jours, c'était un nouveau changement qui lui était proposé. Le malheureux travaillait littéralement sur le canevas de Pénélope et la pauvre Hélène s'ennuyait furieusement à voir ce désespéré faire et refaire, sans jamais achever rien. Elle, pendant ce temps-là, exécutait des patiences ou se tirait les cartes, lesquelles lui annonçaient toujours un homme de campagne qui lui apporterait de l'argent pour faire enrager une dame brune.

— Mon ami, j'ai un service fort délicat à vous demander, dit un jour Cascarini à Jacques, en lui serrant le bras sur le boulevard, plus amicalement encore et plus impérieusement à la fois que de coutume.

— Parlez, mon cher, mais vous me faites trembler.

— Vous avez tort de vous inquiéter, car c'est la chose la plus simple du monde. D'ailleurs vous savez que votre troisième sera mis en scène demain.

— Mais le second n'est pas fini.

— Ça ne fait rien. Voici en deux mots ce que je vous demande. Dans la même maison que vous, rue Saint-Georges, et deux étages au-dessus, habite un quart d'agent de change.

— M. Laridon?

— Justement.

— On dit qu'il a une femme ravissante.

— Justement encore. Ravissante est le mot, et, de plus, cette femme est ma maîtresse. Vous voyez que j'y vais franchement avec vous.

— C'est bien de l'honneur que vous me faites.

— Or, tous les soirs, M. Laridon va à la petite Bourse, comme c'est son devoir de tripoteur breveté, et c'est pendant ce temps-là que je vais rendre visite à sa chère et infidèle épouse. Seulement, j'ai toujours peur d'y arriver trop tôt, et surtout d'en sortir trop tard. Alors une idée toute naturelle m'est venue. Vous jouez de la flûte, n'est-ce pas?

— Un peu seulement.

— Ça suffit tout à fait. Je voudrais que, tous les soirs, après votre dîner, vous ayez l'obligeance de monter à votre chambre de bonne et de vous y installer avec votre flûte. Vous avez remarqué qu'on voit de là toutes les allées et venues de la maison. Au moment où M. Laridon traverserait la cour pour sortir, vous commenceriez un petit air que j'entendrais de la rue. Je monterais immédiatement et vous continueriez à moduler d'agréables sons tant qu'il serait parti. Au moment où il poindrait à l'horizon pour rentrer, vous cesseriez brusquement votre cantilène et j'aurais le temps de m'échapper avant qu'il eût monté l'escalier. Vous comprenez, n'est-ce pas ?

— Parfaitement, et je comprends aussi maintenant pourquoi vous m'avez choisi cet appartement, gros débauché que vous êtes ! Mais je vais geler dans ce petit observatoire !

— Mon cher Jacques, votre quatrième sera su dans trois jours et nous passerons avant la fin du mois.

Et les choses arrivèrent absolument comme l'avait exigé Cascarini. Pendant deux mois pleins, Jacques, aussitôt son café bu et après s'être excusé auprès d'Hélène, montait à son sixième étage. A peine M. Laridon avait-il apparu dans son gros paletot de fourrure que mon mélancolique ami

faisait chanter le bois sonore et, deux secondes
après la première note, il avait le plaisir de voir
Cascarini arriver frétillant en sens inverse. Seulement quand la petite soirée durait longtemps,
le répertoire un peu maigre de Jacques s'épuisait
et il fallait recommencer les mêmes airs, comme
une vulgaire serinette. Cet exercice ne lui était
pas néanmoins inutile, et je dois à la vérité de
dire qu'il fit de sérieux progrès à cette occasion.
Un vieux rossignol aveugle lui donnait la réplique
de la loge du concierge et cette façon de duo variait la mélancolie de ce petit concert forcé. Une
chose le consolait d'ailleurs un peu de cette ennuyeuse occupation. Il trouvait le pauvre Laridon
prodigieusement ridicule et ne pouvait s'empêcher de rire à l'idée de ce que lui arrivait tous
les soirs chez lui pendant qu'il était en train de
flanquer sur le trottoir des valeurs véreuses à ses
contemporains. Il lui semblait qu'en aidant Cascarini dans cette affaire, il contribuait, pour une
part modeste, à venger la société du nombre considérable de mauvais papier que ce mari imprudent avait fourré dans ses poches. Il n'avait donc
aucun remords, et quand, par hasard, il rencontrait
M. Laridon dans l'escalier, il ne manquait pas de

s'esclaffer derrière ses chausses. Hélène, à qui il avait tout conté, en avait de véritables coqueluches d'hilarité. C'est elle que ça amusait encore bien davantage !

Un soir cependant, une chose fort insolite se passa, qui bouleversa Jacques positivement.

Il n'y avait pas cinq minutes que le boursier avait traversé la cour pour sortir et il y en avait deux à peine que Cascarini devait être entré chez sa belle, quand M. Laridon reparut brusquement, traversa la cour au pas de course et se précipita dans son escalier. Jacques fut épouvanté de ce qui allait se passer. Au lieu d'interrompre brusquement son air, comme c'était sa consigne, il poussa dans la flûte des couacs désespérés, quelque chose qui ressemblait aux cris d'un sifflet d'alarme, espérant ainsi prévenir son malheureux ami du péril qui le menaçait. Pendant qu'il se livrait à cette diabolique musique, à laquelle répondaient déjà les miaulements furieux de tous les chats du quartier, des pas sonnaient dans le couloir et une main cognait à la porte de la mansarde.

Jacques, stupéfait, croyant que Cascarini, surpris, venait lui demander asile, ouvrit vivement et se trouva en face de M. Laridon.

Sa première idée, parfaitement stupide d'ailleurs, fut que le boursier avait tout découvert et venait lui demander raison d'avoir prêté la main à l'infamie qui le déshonorait. Il prit donc l'attitude d'un homme qui n'attend qu'un soufflet pour demander du sang. Mais M. Laridon avait la physionomie la plus débonnaire du monde, et c'est le plus naturellement qui se puisse faire qu'il demanda à Jacques la permission de s'asseoir et de l'entretenir un instant. Celui-ci ne s'en tint pas moins sur le ton d'une réserve absolue.

— Monsieur, lui dit enfin le nouveau venu, je sais que la démarche que je tente auprès de vous peut être blâmée, mais ne l'attribuez, je vous prie, qu'à ma sympathie pour votre jeunesse et à mon admiration pour votre beau talent sur la flûte.

— Est-ce qu'il me gouaillerait avant de me provoquer ? pensa Jacques.

— Oui, monsieur, je suis mélomane, poursuivit M. Laridon, et j'aime principalement le son de la flûte. Voilà donc deux mois que, je vous l'avoue, je néglige toutes mes affaires pour avoir le plaisir de vous entendre le soir. Pendant que ma femme me croit à la petite bourse, je me blottis dans un renfoncement de la porte d'entrée et là je passe des heures délicieuses à vous écouter. Non ! vous avez une embouchure comme j'en ai peu connues. Votre solo de l'ouverture de *Guillaume Tell* surtout... une finesse, un moelleux ! Bref, monsieur, je vous dois les plus charmantes émotions du monde, et c'est pourquoi je me fais un devoir — vous ne me le pardonnerez peut-être pas — de vous révéler ce que j'ai vu de ma cachette, depuis que vous me donnez si généreusement des concerts.

— Parlez, monsieur, dit Jacques légèrement interloqué.

— Eh bien ! monsieur, à peine êtes-vous monté dans votre chambrette, qu'un quidam — toujours le même — grimpe lestement à votre appartement. Vous êtes presque un enfant et vous avez déjà une maîtresse. Le moins que doive faire un honnête homme, c'est de vous prémunir contre de fatals entraînements et de vous crier : Cassecou ! Cette fille vous trompe indignement pendant que vous jouez de la musique, et il n'est plus question que de cela dans la maison.

— Comment ! pensa Jacques. Pendant que Cascarini est chez Mme Laridon, de son côté, Hélène avec un autre... Topez là, monsieur ! dit-il au mari en lui tendant la main, nous pouvons marcher de compagnie.

— Je ne vous comprends pas, monsieur, reprit M. Laridon fort étonné à son tour. Je vous apporte d'ailleurs la preuve de ce que j'avance. Voici une seconde clef de votre appartement que j'ai volée chez votre concierge. Vous avez probablement l'autre dans votre poche pour y rentrer. Eh bien, en passant, j'ai donné un double tour à la serrure. Personne n'a donc pu sortir de chez vous, et, s'il vous plaît d'y descendre, vous y trouverez encore le galant. Là-dessus, j'ai bien l'honneur de vous saluer.

Et M. Laridon se retira gravement, après avoir remis à Jacques la clef dont il lui avait parlé.

Celui-ci se rua dans l'escalier, et, d'un bond, fut dans son appartement, qu'il avait trouvé, en effet, fermé à deux tours. L'attitude embarrassée d'Hélène eut bien vite confirmé ses soupçons. Armé d'une canne, il se dirigea vers les rideaux fermés de la fenêtre et trouva par derrière... devinez qui ? Cascarini en caleçon et faisant des efforts inouïs pour rentrer dans ses bottes.

— Misérable ! hurla-t-il.

— Ah ! pas d'injures, monsieur ! riposta Cascarini qui avait retrouvé tout son toupet. N'ajoutez pas une inconvenance à une autre. Qu'il vous suffise d'avoir crocheté les serrures en voleur sans vous comporter comme un manant.

Et, comme Jacques était absolument abasourdi de tant d'audace :

— Avec ces procédés-là, jeune homme, vous ne serez jamais joué. C'est moi qui vous le dis, ajouta l'impresario en achevant sa toilette.

Et, de fait, *Torquemada ou le bûcheron sans le savoir* ne vit pas le jour. Mais Hélène fut engagée par Cascarini pour jouer dans une autre pièce, et si vous voulez mettre Jacques en colère, vous n'avez qu'à lui offrir une flûte au jour de l'an.

XX

LE MAILLOT DE PROSERPINE

Ce récit commence dans le modeste intérieur d'un petit rentier de la rue du Pont-aux-Choux. M. Chamoiseau, ancien cafetier de son état, mange paisiblement, en compagnie de sa femme Pélagie et de son fils Alexandre, six bonnes petites mille livres de rente gagnées à ne verser que des poisons. Quand je dis qu'il les mange, il les boit aussi. Nous faisons même connaissance avec les deux époux à l'heure matinale où, tous deux sur leur séant, ils ingurgitent leur café au lait et devisent, la bouche pleine. L'aurore du jour de la mi-carême pâlit derrière les rideaux.

— Tu y tiens bien vraiment, Pélagie, à aller à ce bal des Duputois ?

— Puisque c'est promis, mon ami, promis depuis un mois !

— C'est que, par ce temps humide, je ne me sens pas fort bien.

— Ça te secouera ; tu danseras.

— Et puis, ne m'as-tu pas dit que tu n'avais pas reçu ton costume ?

— Il ne me manque que la robe blanche à petis pois et le bonnet à la normande. Je les ai donnés à blanchir. Mais cette semaine, c'est comme un fait exprès ; on ne peut rien avoir chez les blanchisseuses ! Cette Palmyre me fait damner. J'y ai envoyé quatorze fois hier.

— Drôle d'idée que tu as de te mettre en laitière ! Tu ne trouves pas ça un peu jeune pour nous ?

— Je ne peux pourtant pas me mettre tous les ans en bébé ! D'autant plus que tu te rappelles, au dernier bal des Duputois, le propos maladroit que m'a tenu cet artiste, en me voyant en petit enfant ?

— Aussi, tu voudras bien ne pas me quitter. On ne devrait jamais laisser une femme seule, même une minute, dans ces bagarres-là.

Entre Alexandre, un grand garçon de dix-huit ans, qui prépare, pour la cinquième fois, son bachot.

— Bonjour, papa ! bonjour, maman ! avez-vous bien dormi ?

— Parfaitement, répond Pélagie. Mon enfant,

j'ai à te parler sérieusement. Sais-tu où demeure Palmyre, la blanchisseuse ?

— Ma mère, je vous jure que non ! réplique Alexandre en rougissant jusqu'aux oreilles.

— Je vais te l'expliquer.

— Ah !

Et cet ah ! fut accompagné d'un soupir de soulagement. Évidemment, le jeune homme s'était trompé sur l'esprit de la question maternelle.

— C'est à deux pas, rue de Saintonge, 22.

— Vraiment ? fit Alexandre avec un air étonné des mieux joués.

— Tu lui diras qu'il me faut, à toute force, ma robe à pois et mon bonnet à la normande. Elle sait bien pourtant que c'est pour le bal de ce soir ! Je les veux tout de suite.

— Bien, maman !

— Et toi, mon enfant, tu ne veux décidément pas nous accompagner ?

— Non ! maman ; il faut que je pense à mon examen.

— Comment ! pas même un jour de mi-carême ?

— Il a raison, ronfla M. Chamoiseau, qui se rendormait sensiblement.

Et Alexandre sortit sur cette bonne parole

— Cet enfant se périra sur ses bouquins ! murmura sentencieusement Mme Chamoiseau.

Suivons, si vous le voulez bien, Alexandre jusqu'au 22 de la rue de Saintonge, une petite boutique d'un vert déteint, avec des bonnets tuyautés et des chemises empesées à la vitrine. C'est là que Palmyre, une superbe brune de vingt ans, déploie, contre la lingerie de ses clients toutes les ressources de la chimie moderne. Au moment où le jeune Chamoiseau franchit le seuil, Palmyre descendait l'escalier en limaçon qui mène à sa chambre. Elle sauta trois marches à la fois et embrassa à pleine bouche le jouvenceau.

— Eh bien ! tes parents ne se sont aperçus de rien ?

— Non ! mais maman vient de me faire une fière peur.

— Tu vois bien que si tu voulais, tu pourrais découcher toutes les nuits ?

— Dis donc ! je viens pour la robe et le bonnet de maman.

— Ta maman nous embête. J'ai autre chose à faire qu'à repasser ses frusques. Pense donc! une reine de lavoir ! Allons-nous nous en donner, dis, mon chéri !

— C'est que je ne connais personne.

— Je te présenterai tantôt à tous ces messieurs, pendant la cavalcade. Ils te recevront parfaitement. Il ne faut pas croire que les blanchisseurs soient fiers comme des marquis. Tu seras un frère pour eux. Mais, tu sais, il me faut un second costume pour le bal ; le mien sera trop défraîchi ce soir. Ah ! Dieu ! si tu étais gentil ! j'en ai vu un qui m'allait si bien ! Un costume de Proserpine que Mlle Thérésa a porté dans une féerie. Couronne de plumes, maillot rose, robe courte et rouge ! et des grands brodequins dorés... Cinquante francs pour la soirée ! Une occasion ! Là, vrai, si tu m'aimais bien...

— Eh bien, j'irai te le chercher, Palmyre.

— Quel bonheur ! c'est là à côté. Tiens, tout contre le Temple : on voit d'ici.

— Je vais te l'envoyer tout à l'heure.

— Non, pas ici. Je sors à l'instant, et je ferme la boutique. Dis qu'on l'apporte chez toi. Tu guetteras, et quand tu rentreras toi-même pour faire semblant de te coucher, tu laisseras filer tes parents et tu me l'apporteras *au Petit Ramponneau*, où, comme tu sais, est le rendez-vous général. A tantôt ! Tu suivras le char à pied, n'est-ce pas ? Je descendrai à tous les cafés conséquents pour t'embrasser.

— Mais que répondre à ma mère ?

— Zut !... Non, que je vais lui envoyer son paquet. Ça la fera toujours patienter.

Et voilà après quelle conversation Alexandre, au lieu de se périr sur ses bouquins, alla louer, pour cinquante francs, un magnifique costume de Proserpine et, après avoir prévenu la bonne de le déposer dans sa chambre mystérieusement quand on l'apporterait, s'en fut suivre le char d'un des plus beaux lavoirs de Ménilmontant, tout le long des boulevards ; tout cela par amour pour les majestueux attraits de Mlle Palmyre.

La journée fut dure chez les Chamoiseau. La robe à pois et le bonnet à la normande ne venaient toujours pas. Mme Chamoiseau était d'une colère ! D'ailleurs son mari se plaignait de plus en plus de l'humidité du temps. Il sentait ses entrailles tout je ne sais comment... et il n'était pas le seul. Eh bien ! elle irait au bal sans lui, voilà tout ! Tant pis si on lui tenait des propos indécents sur sa laiterie. On se disputa ferme. Mme Chamoiseau pinça et M. Chamoiseau s'oublia jusqu'à donner une chiquenaude qui ressemblait fort à une énorme gifle. On se boudait ; on plaiderait en séparation demain. Mais Pélagie irait chez les Duputois, coûte que coûte !.

Il y avait bien quatre heures qu'on s'évitait et l'heure du dîner approchait, quand Mme Chamoiseau, absolument exaspérée, envoya pour la dernière fois sa bonne frapper aux volets clos de la boutique de Palmyre. Juste pendant ce temps, un commissionnaire apporta un paquet et le remit, sans dire un mot, sur une chaise, la porte étant restée entre-bâillée.

Deux secondes après, Mme Chamoiseau l'avait vu et ouvert. Le costume de Proserpine en était sorti dans sa fraîcheur douteuse, mais dans toute l'horreur de son clinquant. Elle fut émerveillée.

D'ailleurs, elle avait tout compris. Une surprise de Chamoiseau ! Il regrettait la gifle et lui envoyait ses excuses sous cette forme ingénieuse. Mais elle tiendrait bon : il ne faut pas que les hommes s'habituent à frapper. Elle porta le costume dans sa chambre. Le dîner n'en fut pas moins glacial ; on ne desserra les dents que pour manger, et Alexandre, qui avait embrassé Palmyre à tous les cafés, arriva pour le dessert.

— Tu ne feras pas de vieux os si tu continues à travailler comme ça, lui dit sa mère.

Cependant, le jeune Chamoiseau était dans une perplexité épouvantable. Il avait interrogé la bonne. Celle-ci n'avait vu aucun paquet.

Trois heures après, il se passa une chose étonnante. Désespéré, en pensant à la déconvenue de Palmyre, Alexandre entrait dans la chambre de sa mère sous prétexte de lui dire bonsoir. Il faillit tomber à la renverse. Celle-ci était en maillot rose ; une robe rouge, courte et frangée d'or, enfermait mal les opulences de son corset, et la couleur de ses cheveux disparaissait sous une énorme couronne de plumes. Proserpine avec le chapeau d'Atala !

— Comment me trouves-tu, mon mignon ?

Il n'eut pas la force de répondre.

— Voyons! ton père ne veut décidément pas venir ! Il ne peut rester dix minutes en place ; c'est pis qu'un sous-préfet. Je t'assure qu'une femme seule est très exposée, même chez les Duputois. Quitte un instant tes chères études, mon enfant, et accompagne-moi.

Alexandre était anéanti. Il n'oserait jamais se retrouver en face de Palmyre. Aller chez les Duputois! Oh ! mon Dieu! là ou ailleurs, ça lui était bien égal : Palmyre ne lui pardonnerait jamais.

— Je vous suivrai, ma mère ! fit-il avec beaucoup de dignité.

Et il monta dans sa chambre passer un habit. Quand il revint, sa mère avait complété fort heureusement sa toilette. Elle avait un loup sur le nez.

Cependant Palmyre, ne voyant pas Alexandre revenir, était aux cent coups, comme on dit. D'accord avec le chef du lavoir, elle avait envoyé à son amant un des landaus de la compagnie pour le ramener plus vite. Voilà comment Mme Chamoiseau et Alexandre trouvèrent une voiture à leur porte.

— Ton père est vraiment bon ! dit Pélagie en écrasant le marchepied. Il a pensé à tout. Allez !

Et la voiture fila, sans qu'on eût donné d'adresse, puisqu'il paraissait que tout eût été prévu par Chamoiseau. Alexandre lui-même trouvait cela tout naturel.

Tout à coup un brouhaha épouvantable ! des cris inhumains : « La Reine ! la Reine ! » et, dans l'embrasement des lumières qui enveloppent la porte de l'Élysée-Montmartre, devant laquelle le landau s'était subitement arrêté, vingt bras vigoureux soulevaient Mme Chamoiseau de ses coussins et l'emportaient en triomphe jusqu'au pied de l'orchestre, suivi par Alexandre, éperdu. Ses premiers mots, quand elle revint de sa surprise, furent ceux-ci :

— Que les Duputois sont bien logés !

Son succès fut immense. Elle avait toujours gardé son loup et dansait comme une petite perdue, se croyant toujours chez des amis. Alexandre, lui, pensait à Palmyre, Palmyre que ses compagnons croyaient parmi eux et qui avait disparu. Je sais, moi, ce qu'elle était devenue. Elle était rentrée furieuse et, n'ayant pas d'argent pour louer le costume qu'elle voulait, elle avait mis les habits de laitière de Mme Chamoiseau.

Or, il advint que, dans un quadrille tout à fait distingué, en voulant imiter la dame qui lui faisait vis-à-vis, Mme Chamoiseau eut la malheureuse idée de lever la jambe. Crac ! ce fut l'affaire d'un moment. Le maillot, à bout de résistance, s'ouvrit éperdument.

— Ce n'est pas Palmyre ! s'écria l'entourage épouvanté.

— Palmyre, voilà !

Et Palmyre, en laitière, fit son entrée, un loup sur la face.

— Ma femme ! exclama un polichinelle en s'élançant vers elle.

Et, le masque du polichinelle étant tombé, on reconnut Chamoiseau qui avait fait semblant d'avoir la colique toute la journée pour aller bastringuer le soir.

Ce fut une horrible mêlée. Pélagie tomba sur son mari, Palmyre sur Alexandre. La police intervint et, pour la première fois de leur vie,

Chamoiseau, Pélagie et Alexandre, monsieur, madame et bébé, couchèrent au violon.

— Ceci, mon ami Jacques est un simple vaudeville.

— Et je compte bien le faire représenter un jour.

XXI

LES FUNÉRAILLES D'ATALA[1]

C'était quelques jours avant la dernière fête de Saint-Cloud et le long de la Seine, au pied de cette admirable charmille qui met un rideau entre la gaieté tranquille du fleuve et le vacarme désordonné de cette grande solennité foraine. En attendant les déchirements du trombone, les rires ironiques de la petite flûte, l'éternument des cymbales et les incongruités de la grosse caisse, l'air du soir se délectait au discret murmure de l'eau coulante, au frissonnement argentin des premières feuilles mortes, à tous les bruits mourants de la vie. Le soleil, qui échappait, en se couchant, à l'ennuyeuse société des nuages, descendait du ciel brouillé avec la mauvaise humeur d'un artificier dont de maladroits pompiers ont éteint les feux de joie en les prenant pour un in-

---

1. Cette histoire a été composée par Jacques uniquement pour tarabuster la mémoire de Girodet-Trioson.

cendie. Il était positivement rouge de colère, et sa grosse face enluminée disparaissait, comme celle d'un bourgeois morose, sous un bonnet de coton d'azur sombre, çà et là troué par les étoiles.

La voiture des saltimbanques s'était arrêtée presque au ras de la berge dont ses maigres chevaux tondaient, de leurs longues dents, le sol presque chauve, avec l'air douloureux d'animaux qui se sentaient nés pour les Apocalypses et se trouvaient prodigieusement déplacés dans nos mascarades humaines ; — une voiture peinte d'un vert criard, avec des petites colonnettes jaunes soutenant, à l'avant, une façon de baldaquin de bois. Des deux côtés, une affiche rouge maculée de boue portait, en gros caractères, cette alléchante annonce :

LE MÉNAGE PEAU-ROUGE
ATALA ET CHACTAS

Ce couple de sauvages, ramené des steppes de l'Océanie par le célèbre capitaine hollandais Van den Ross, étonne chaque soir un public d'élite par l'originalité de ses mœurs et la férocité de ses appétits. Il a été visité des plus illustres savants qui ont vainement tenté de le faire reproduire. Les cheveux du mâle mesurent 1 mètre 20 et ceux de la femelle 1 mètre 45; ils n'ont jamais été peignés et exhalent une odeur d'huile rance très désagréable. A l'état de nature, ces hommes primitifs ne se nourrissent que de la chair de leurs ennemis; mais à l'état de domesticité, ils se contentent de lapins vivants qu'ils engloutissent en commençant par la queue. On leur verra danser les bamboulas de leur pays et prier l'Être suprême, puis faire la quête comme des personnes civilisées. Le prix d'entrée est de 0 fr. 50 c. aux premières et 0 fr. 25 c. aux secondes. On est prié de ne leur rien jeter et de ne pas les exciter.

Au-dessus de ce boniment, des capucines et des gobéas fleurissaient une petite fenêtre, et un bouvreuil en cage y secouait ses plumes avant de s'endormir, mais méthodiquement et comme une dame frileuse qui tasse son édredon et l'égalise par places, avant de pénétrer dans un article de la Revue des Deux Mondes, vestibule du sommeil.

M. Belphégor, le directeur de la troupe, en casquette de loutre et en paletot noisette, fumait sa pipe à deux pas, en société de quatre de ses employés : trois hommes en blouse blanche et une fille de seize ans, à la chevelure ardente, aux yeux d'un vert marin, au nez retroussé, avec une grande bouche meublée de dents admirables, créature appétissante et répugnante à la fois, fleur de bohème aux pétales déjà flétris.

— J'enverrais bien chercher un pharmacien, dit M. Belphégor, mais les remèdes de ce pays ne conviennent probablement pas à ces magots là. C'est moi qui regrette de les avoir achetés à Brambilla ! De vrais sauvages ! de vrais sauvages ! Les faux font tout autant d'effet et ils se portent mieux. Deux sous de cirage et ils vous ont un teint magnifique. Ah ! sapristi ! sapristi ! Si encore Mathieu, qui avait été vétérinaire, était avec nous !

— Bah ! son vieux troubadour de mari sait mieux que nous ce qu'il lui faut, dit un des trois hommes en blouse blanche.

— Et puis, il n'en faut pas tant pour casser sa pipe, ajouta un autre, d'un ton où l'égoïsme donnait le *la* à la philosophie.

— C'est égal, elle paraît joliment souffrir, dit la jeune fille. L'entendez-vous geindre ?

Un gémissement sourd et intermittent sortait, en effet, de la voiture, à travers les capucines et les gobéas, et le bouvreuil en paraissait singulièrement impatienté.

— Eh bien, on ne me rattrapera plus à exhiber de ces moineaux-là, dit M. Belphégor en tirant une longue bouffée.

— Ce bédouin de Chactas est capable de ne pouvoir vivre seul.

— Ah ! parbleu, si elle crève, il peut bien s'en aller aussi maintenant. Tous leurs exercices étaient à deux. Qu'est-ce que vous voulez que je fasse d'un seul Peau-Rouge ? Je crois bien que les académiciens renonceront à en avoir des petits !

— Et puis on s'en lassait, dit un des trois hommes en blouse. Les faux sont bien plus aimables et, au moins, ils causent quand il sont fini de manger leurs cailloux.

— Écoutez ! dit la jeune fille.

Un cri terrible, d'une angoisse inexprimable,

sortit de la grande voiture verte ; à travers les capucines et les gobéas de la devanture, en bousculant tout sur la route, un homme s'élança, tenant dans ses bras une femme allongée, raide et grimaçante. Tous deux étaient presque nus, mais leur peau avait l'air d'un habit de cuir léger et très collant, autour duquel couraient des haillons multicolores.

— Que fais-tu, animal ? s'écria M. Belphégor, en courant pour l'arrêter. Tu veux donc achever de la tuer ?

Mais Chactas, d'un geste, montra les yeux démesurément ouverts de la moribonde, et le soleil qui baignait déjà à moitié dans l'eau moirée de lumière et clapotante. Ce geste fut d'une telle éloquence que tous le comprirent et reculèrent instinctivement.

— Allons ! qu'il fasse comme il lui plaît ! dit le patron. Au fait, ces païens-là, ça adore le soleil.

— Je le crois bien, dit la jeune fille ; tous les matins ils se couchaient à plat ventre, tous les deux, pour faire leur prière. C'était d'un farce ! Sacrée Atala ! m'a-t-elle fait assez rire !

— J'aurais tout de même dû envoyer chercher un pharmacien, dit, en secouant la tête, M. Belphégor.

— Allons ! bon, voilà Chactas qui devient fou.

Autour du corps de sa compagne, qu'il avait étendu au revers du fossé, la face vers l'occident, Chactas dansait, en chantant, une danse brusque, qu'accompagnait un monotone gloussement. Les soubresauts de la poitrine haletante de l'agonisante battaient la mesure à l'harmonieux chorégraphe.

« *Pauvre sœur,* chantait-il dans sa langue, *hâte-toi de rejoindre nos aïeux. Tu seras infiniment mieux dans leur société que dans la nôtre.*

» *Ils ne te forceront pas à manger du lapin et de ces damnés haricots que tu n'as jamais pu digérer paisiblement.*

» *Ils te joueront une meilleure musique que ces deux crétins, dont l'un frappe sur une peau et l'autre souffle dans un trou, uniquement pour embêter le monde.*

» *Les enfants de M. le Maire ne te pinceront plus les cuisses, aux grandes représentations, pour voir si tu es vraiment vivante et si n'as pas de maillot.* »

« *Pauvre sœur !...*

— Ah ! fit la mourante ; et sa poitrine demeura tendue par le dernier souffle, mais ne s'abaissa plus pour l'exhaler.

— Ça y est ! dit M. Belphégor. Qui va déclarer le décès à la Mairie ?

Avant qu'on eût le temps de lui répondre, Chactas fit un mouvement furieux, chercha quelque chose à sa ceinture, courut à un des trois hommes en blouse blanche, lui arracha le couteau avec lequel il mangeait tranquillement du fromage, et se précipita vers le cadavre en brandissant cet inoffensif acier.

— Turlututu, dit M. Belphégor. Assez de bêtises, il va me l'abîmer ! Au fait, ça m'appartient et je pourrai peut-être la conserver dans l'esprit-de-vin, avec l'autorisation du gouvernement.

Et Chactas, violemment appréhendé au corps, fut désarmé.

La nuit était venue, mais l'émissaire de maître

Belphégor avait complètement omis de ramener l'employé chargé de constater les décès. Il avait préféré se griser dans un cabaret et s'engager dans une autre troupe. Il n'y avait rien à faire jusqu'au lendemain matin. On avait couché le corps déjà froid d'Atala sous la voiture, où les maigres chevaux vinrent tour à tour le flairer, donnant seuls le baiser de paix à cette triste dépouille. Puis tout le monde s'était endormi, excepté Chactas qu'on avait enfermé dans une façon de placard pour mettre fin à ses extravagances.

Tout à coup le bois de la grande voiture verte craqua doucement ; une lame de couteau, luisant aux rayons de la lune, s'y promena dans une fente, verticalement et de façon à l'agrandir. Une fente parallèle y dessina bientôt une ligne noire sous un miroitement d'acier, puis d'autres, si bien qu'une série de planches s'en détacha tout à coup, laissant passer un homme nu-pieds. Le tout s'était fait avec si peu de bruit que personne ne s'était réveillé.

Chactas était libre ! Il avait crevé son placard par le fond. Il ne lui restait plus qu'à écrire ses mémoires comme Latude et Silvio Pellico.

Mais ce n'est pas ce qu'il fit tout d'abord.

S'étant laissé glisser le long de la roue, il s'accroupit sous l'essieu, découvrit la tête du cadavre, d'une main ; prit entre ses dents un petit couteau qu'il abaissa sur le front, tira violemment de l'autre main, roula lourdement à terre à travers la grosse caisse et les cymbales qui firent un bruit épouvantable, tandis que lui-même poussait un hurlement d'effroi, en agitant une longue masse noire flottante.

Horreur des horreurs ! La chevelure d'Atala, qu'il venait couper suivant les rites sacrés de son pays, lui était restée dans la main, avant même que l'acier eût touché la tête. — Atala portait une perruque depuis vingt ans !

— Canaille ! s'écria Chactas en se relevant et en envoyant un copieux coup de pied dans le ventre de sa femme.

C'était le seul mot qu'il eût appris de notre langue.

— Tiens ! mon sauvage qui parle français ! dit M. Belphégor en se réveillant.

XXII

LA RECHERCHE DU LEVIATHAN

M. Mathieu-Bourriquet n'était pas un de ces savants d'aspect désagréable qui laissent traîner des mains osseuses et sales le long de pantalons noirs luisants, et dont la lévite effiloquée balaye des mollets crottés. C'était, au contraire, un petit homme blanc et rose, avec des cheveux frisés dont le blond pâle tirait sur le blanc, et dont la tenue était la plus irréprochable du monde. *Res miranda populo!* comme dit le cantique breton de Saint-Yves ; il ne sortait jamais que ganté, et ganté de Suède clair. Il n'habitait pas non plus une de ces mansardes nues où certains érudits prolongent volontairement, sur la foi de Béranger, les misères de la studieuse jeunesse. Son appartement était un des plus beaux du boulevard Saint-Germain, situé au sixième, il est vrai, mais entouré d'un balcon magnifique, et dont la vue s'étendait sur les deux rives de la Seine, où les moutons de Mme Deshoulières se sont transformés en maisons. Enfin, M. Mathieu-Bourriquet n'était pas un de ces piocheurs farouches qui consacrent à leurs travaux toutes les forces d'une douloureuse virginité et regardent la femme comme leur plus mortelle ennemie, Loin de là, il était l'époux d'une fort agréable créature, répondant dans l'intimité au nom gracieux d'Olympe, et dont le salon était fréquenté par de fort élégantes Parisiennes. On y jouait non pas au loto, comme les malveillants pourraient le supposer, mais au baccarat, et l'on y dansait même quelquefois pendant le carnaval.

Et pourtant je vous jure que M. Mathieu-Bourriquet tenait sa place dans le monde des savants sérieux. Il était même correspondant de vingt-sept académies provinciales, et avait eu, trois fois de suite, une voix pour l'Institut, celle d'un pauvre vieil abruti d'algébriste qui le confondait avec Mathieu-Laensberg, son contemporain. Les recherches de M. Mathieu-Bourriquet avaient principalement porté sur la vraie nature de l'animal qui est appelé Léviathan dans le livre de Job. Dans la querelle entre Bochard qui fait venir le mot de l'arabe *Lava* et Vossius qui le tire de l'hébreu *Levah,* il avait dit son mot avec beaucoup de finesse. Il avait d'ailleurs, au sujet de cette bête biblique, une opinion tout à fait personnelle, et de ce passage d'Isaïe : « Le seigneur frappera le Leviathan et délivrera la baleine de ce compagnon répugnant », il avait conclu que le Leviathan était, tout bêtement, le poisson indélicat que les imagiers d'aujourd'hui donnent pour camarade à saint Alphonse, comme ceux d'autrefois le cochon à saint Antoine.

Où mon ami Jacques avait-il rencontré la jolie Mme Mathieu-Bourriquet pour la première fois? A une séance solennelle de l'Académie. L'ennui rapproche. C'est un des mille pères de cet enfant trouvé qu'on appelle l'Amour. Un excellent discours de M. d'Audiffret-Pasquier avait réuni les deux cœurs dans un bâillement qui s'était transformé en un soupir. Et ces gaillards-là osent nous parler de morale ! — Mais dans chacun de leurs conciliabules en public, s'ébauchent plus de relations adultères entre désœuvrés que par un beau jour de printemps! — Je passe. — Jacques avait parlé, Olympe avait répondu. Ils s'étaient serré la main en sortant du temple, et, deux jours après, Jacques avait reçu une invitation pour une première sauterie. Il était venu. Mathieu-Bourriquet l'avait trouvé charmant. Je vous renvoie pour le reste du programme à la cantate n° 27. Beaucoup de duos, quelques trios. Jacques n'était pas un des assidus de la maison, sa délicatesse s'opposant à ce qu'il devînt l'ami intime d'un homme qu'il trompait avec tant d'enthousiasme, mais il y était bien vu, et quand M. Mathieu-Bourriquet effectuait des voyages, il y faisait de nocturnes visites, moins périlleuses que celles de Léandre à Héro, mais enveloppées du même mystère.

Or, M. Mathieu-Bourriquet se mettait souvent en route pour faire quelque recherche lointaine intéressant l'objet de ses chères études. Particularités de ses pérégrinations : il n'emportait jamais qu'un très léger sac de nuit et, si loin qu'il allât, il n'écrivait jamais à sa femme pendant son absence. Celle-ci en concluait qu'il voulait être tout entier à ses travaux et elle ne s'en plaignait pas.

Or, il advint que cet homme estimable prévint sa belle moitié qu'il partait le soir même pour Magdebourg, où le savant docteur Bing-Marlou croyait avoir découvert une écaille du monstre décrit par Job et le mandait à l'instant. Ces choses-là ne peuvent pas se refuser, et une nouvelle place de correspondant à l'Institut libre de Magdebourg était au bout de cette corvée. Le soir même aussi, Jacques reçut l'avis de ce départ et mit la nouvelle à profit.

Il avait, pour entrer et sortir de la maison, des procédés tout à fait élémentaires. Pour entrer, il saisissait le moment où il avait vu le concierge s'absenter, et, pour sortir, il attendait assez tard, le lendemain, pour qu'on le pût croire en visite. Sans avoir pris sa bonne Célestine pour confidente, Mme Mathieu-Bourriquet avait dû comprendre que cette intelligente fille était fort au courant de la situation et l'aidait dans toute la mesure d'un dévouement d'autant plus méritoire qu'il était absolument discret. Une brune appétissante, cette Célestine, et une gaillarde qui aurait fort bien dit son mot dans une comédie de Molière. Olympe, qui avait de bonnes raisons pour en agir ainsi, ne la faisait jamais coucher dans l'appartement, même quand monsieur était absent, et Célestine occupait fort loin, au-dessus, une chambrette que sa maîtresse n'avait même jamais visitée.

Or, il y avait huit jours que M. Mathieu-Bourriquet était à Magdebourg, et Jacques ne s'en plaignait pas, quand, à deux heures du matin, un formidable coup de sonnette troubla la sécurité des deux amants : Jacques se cacha comme il put, et Olympe, ayant fait un bout de toilette, alla ouvrir. C'était le concierge, M. Bobinet, qui apportait, tout essoufflé, une dépêche annonçant le retour immédiat du savant.

— Je ne me recouche pas et vais attendre monsieur avec de la lumière, avait dit, en s'en allant, ce dévoué serviteur, qui préparait de loin la bienvenue des étrennes.

Voilà qui rendait la sortie de Jacques par l'escalier absolument impossible.

Mais c'était un garçon hardi et qui aurait mieux aimé se casser vingt fois les reins que de compromettre une seule fois sa maîtresse. Avant qu'Olympe eût pu faire à son projet la moindre objection, il était déjà sur le balcon et se préparait à fuir par là.

— Je chercherai, avait-il dit, la fenêtre mansardée de la chambre de Célestine. J'y frapperai ; elle m'aidera à y monter et nous sauvera. Cent francs dans la main, et tout sera dit.

Et il le fit comme il le disait.

Seulement, quand il fut tout près de la croisée en tabatière qu'il cherchait, il fut assez surpris d'y voir de la lumière et de la trouver entr'ouverte. On était en juin, et il faisait si chaud, même la nuit ! Ce qui ne l'étonna pas moins et lui fit retarder la manifestation projetée, ce fut d'y entendre dialoguer dans les termes que voici :

— Eh bien ! mon pauvre Auguste, il va donc te falloir rentrer chez toi, Comme ces huit jours ont vite passé !

— Si tu savais comme ça m'ennuie ! Vois-tu, Célestine, ces petites vacances que je me paye quelquefois en ta compagnie, lorsque je prétexte des voyages, sont le meilleur temps de ma vie.

— Au fond, avouez que vous vous fichez pas mal de votre Léviathan ?

— Comme de Colin-Tampon lui-même, Célestine, mais cette vieille rocambole-là me permet de faire accroire de temps en temps à ma femme que je suis obligé d'aller faire un tour à l'étranger... L'étranger ! il n'est pas loin, ma mignonne ! Ta chambrette où je me calfeutre pendant une semaine entière. Ni vu ni connu ! je t'embrouille ! Et tous les soirs à neuf heures !...

— Ah ! taisez-vous, Adolphe. Si madame s'en doutait et vous croyait si près d'elle !

— Eh bien !...

— Eh bien ça ferait un beau gâchis ! Et puis je ne vous comprends pas. Madame est bien plus jolie femme que moi.

— Ça paraît comme ça, mais je t'assure que non. Et puis, d'ailleurs, qu'est-ce que cela fait, puisque c'est toi que j'aime ?

— Adolphe, quand referez-vous un nouveau voyage ?

— Bientôt. Mon savant de Magdebourg doit m'écrire qu'il a trouvé une nouvelle écaille, avant un mois. Cette fois-là, je serai quinze jours absent.

— Comme nous serons heureux !...

Le pauvre Jacques n'en croyait pas ses oreilles. Et, pourtant, le doute était impossible. La voix lui arrivait très nette et très claire. C'était ce farceur de Mathieu-Bourriquet qui causait avec Célestine de cette jolie façon.

Crac! une ardoise lui glisse sous le pied. Pour ne pas tomber dans le vide, il se cramponne à la petite fenêtre. La vitre casse; deux têtes apparaissent, et quatre mains le retiennent et l'arrachent à l'abîme.

Une seconde après, il était dans la chambre, entre Célestine et M. Mathieu-Bourriquet.

— Monsieur, lui dit celui-ci avec autorité, Célestine est une honnête fille, et votre conduite celle d'un polisson !

Mais Célestine, qui se doutait que Jacques avait entendu quelque chose, leur prouva à tous deux que la modération dans les propos était de saison. D'un autre côté, Jacques savait qu'elle avait son secret. Tous deux se tenaient donc par la connaissance de leur propre infamie.

— Vous ne pouvez rester ici, dit M. Mathieu-Bourriquet à Jacques, beaucoup plus doucement, et moi, il faut absolument que je rentre chez ma femme.

— Le concierge guette dans l'escalier, répondit Jacques, et mon départ pourrait être fort mal interprété par lui, au moment de votre retour.

— C'est parbleu vrai ! Alors comment faire ?

— J'ai une idée, dit Célestine. Emmenez donc monsieur chez vous, bras dessus, bras dessous. Vous direz à madame que vous êtes revenus de voyage ensemble et que monsieur, qui n'a pas pu se faire ouvrir chez lui, vous demande l'hospitalité.

— C'est un trait de lumière ! s'écria Mathieu-Bourriquet.

Et avant que Jacques eût pu rien objecter, il l'entraîna hors de la chambre, descendit un étage, et, son petit sac de nuit à l'autre main, donna à sa propre porte un vigoureux coup de sonnette.

Olympe vint ouvrir, en peignoir, une lampe à la main.

A la vue de Jacques au bras de son mari, elle faillit se trouver mal de stupéfaction.

— Ma chérie, lui dit Mathieu-Bourriquet en l'embrassant, tu excuseras monsieur que j'ai trouvé à Magdebourg, et qui me demande asile pour cette nuit. Tu ne sais pas ce qu'il vient de faire pendant huit jours ? Eh bien, il a fait comme moi ; il a cherché le Léviathan.

Deux jours après, le concierge trop zélé était flanqué à la porte pour avoir laissé monter deux personnes dans l'escalier, pendant la nuit, sans seulement s'en apercevoir.

XXIII

L'HONNEUR DE M. GIROFLÉ

M. Lejoyeux, commissaire de police du quartier de Jacques, venait de remonter dans son appartement, après avoir fermé son bureau. M. Lejoyeux venait même de passer une vareuse et de coiffer un béret. Il bourrait silencieusement et d'un air de béatitude une grosse pipe en bruyère. Sa journée était finie ; il allait donc pouvoir rêver et se souvenir !

C'était un bon gros homme, qui avait eu autrefois, bien autrefois, ses jours de maigreur et de poésie. Il avait fait son premier volume comme tout le monde, avait mordu à pleines dents au pain noir de la bohême ; puis il s'était marié avec une femme sans le sou, qui l'avait trompé horriblement. Alors il était entré dans l'administration.

Actuellement veuf, il goûtait cette façon d'été de Saint-Martin de la vie où les colères éteintes, les révoltes apaisées, la résignation venue, l'homme estime un bon dîner et une bonne pipe les seules choses sérieuses ici-bas. Consciencieux dans ses fonctions, il les exerçait néanmoins sans fureur contre les vices de l'humanité. C'était une personne de bon conseil, aimant à arranger les affaires entre mauvais voisins, juge de paix autant que commissaire, et, pourvu qu'on ne le dérangeât pas aux heures réservées à une douce flânerie, M. Lejoyeux n'avait rien vraiment d'un misanthrope.

Il venait de prendre un Lamartine dans sa bibliothèque, en attendant son dîner, quand un formidable coup de sonnette le troubla dès la première page.

— Allons, bon ! fit-il en frappant du pied.

Un instant après, un vieux monsieur essoufflé et roulant une clef entre ses doits entra comme une bombe, en bousculant Modeste, la bonne du commissaire.

— Venez vite, monsieur le commissaire, venez vite, je les tiens !

Ainsi parla le nouveau venu, bredouillant d'émotion, et le dialogue s'engagea comme il suit :

— Puis-je savoir, monsieur, à qui j'ai l'honneur de parler ?

— M. Giroflé, propriétaire. Hâtons-nous, il y va de mon honneur !

— Un mot encore : vous êtes marié ?

— C'est justement pour cela.

— Et votre femme ?...

— Je viens de la pincer.

Et M. Giroflé faisait le moulinet avec sa clef, d'un air à la fois exaspéré et triomphant.

— Contez-moi donc ça.

Et Lejoyeux qui, au fond, aimait à rire, se rassit d'un air rasséréné.

— Monsieur, je vous conterai cela en route... Mon honneur presse... De grâce, partons !

— Calmez-vous, monsieur Giroflé. A quel étage demeurez-vous ?

— Au sixième.

— Eh bien ! puisque vous les avez enfermés, vous ne risquez rien à attendre un moment. Je ne puis d'ailleurs vous suivre que bien et dûment renseigné.

— Soit, monsieur ! je le ferai donc brièvement, car lorsque l'honneur me talonne. je ne cause plus, j'agis. Donc, sachez que je suis membre de la *Société de protection des insectes nuisibles*, — une société qui ennuie furieusement celle des animaux domestiques — et que nous avions séance à trois heures. Je sors de chez moi à deux heures et demie, j'arrive exactement. Mais crac ! notre président avait été piqué le matin même par une mouche charbonneuse. On délibéra un instant et, après s'être assuré qu'on n'avait fait aucun mal à la mouche, on se sépara, après avoir décidé que la séance serait remise après la mort du président. — Voilà, me dis-je, une bonne occasion pour mener ma femme au Jardin d'acclination. Et, rentrant rapidement chez moi, je me dirigeai droit vers sa chambre. J'ouvris la porte sans frapper, et...

— Et ?..,

— Et je vis mon honneur foulé aux pieds, monsieur le commissaire, par la misérable et mon ami, un gredin que j'ai recueilli par bonté d'âme ! Ah ! canaille d'Isidore !

— Vous ne pourriez pas me donner quelques détails ?

Et Lejoyeux passait sa langue sur le bout de ses moustaches.

— Il suffit, monsieur, je vous dis que je les ai vus. J'avais le droit de les tuer. Je ne l'ai pas fait parce qu'on m'aurait chassé de ma société savante. Mais venez, venez vite ! Mon honneur m'étouffe. Je n'en peux plus !

— Voulez-vous mon avis franc, monsieur Giroflé ; pas l'avis du fonctionnaire qui est à vos ordres, mais celui de l'ami, celui d'un ancien confrère ? Eh bien, vous allez peut-être faire une bêtise.

— Par exemple !

— Avez-vous réfléchi un moment aux conséquences de ce que vous allez faire ?

— Je ne réfléchis pas, monsieur, quand l'honneur a parlé.

— Ne craignez-vous pas le ridicule d'une aventure publique ?

— Je ne crains rien. Le ridicule n'est que pour les sots. L'homme de cœur, après ces choses-là, n'en marche que le front plus haut.

— Je vous crois. Mais une question encore. Vous êtes à votre aise ? D'où vient la fortune ?

— De ma femme. Mais je ne lui ai pas vendu mon honneur.

— Vous savez que la séparation de biens sera prononcée.

— Peu m'importe. Je travaillerai pour me nourrir. Le pain avec l'honneur vaut mieux que les truffes sans...

— Trouverez-vous un emploi ?

— Je me ferai nommer sous-préfet. On en cherche de tous les côtés.

— Oui, mais on ne les garde que trois mois. Si encore vous aviez des enfants, une partie du bien vous serait laissée pour les élever. Mais vous n'avez pas d'enfants ?

— Jusqu'à aujourd'hui, non, monsieur. Maintenant...

— Tous les gens qui vous auront connu riche vous tourneront le dos quand vous serez pauvre.

— Je me moque de leur estime. J'aurai la mienne.

— Vous payez bien une cotisation à votre Société des Insectes Nuisibles ?

— Trente francs par mois pour les circulaires et imprimés.

— Trois cent soixante francs par an. Il vous sera impossible de continuer à en faire partie.

— Par exemple ! au moment où j'allais peut-être passer président !

Et un nuage terrible passa sur le front de M. Giroflé.

— Eh bien ! tant pis ! je sacrifierai encore ça à mon honneur.

— Regardez-moi bien, monsieur Giroflé.

Et Lejoyeux, debout, son béret coquettement renversé sur l'oreille, les deux mains dans les poches de sa vareuse, fit complaisamment un demi-tour sur lui-même.

— Je ne sais pas votre âge, mais vous me semblez bien conservé, dit poliment M. Giroflé. Partons-nous ?

— Un instant encore. Est-ce que vous me trouvez l'air grotesque ?

— Je ne me le permettrais pas.

—Eh bien, moi, j'ai été plus philosophe que vous.

— Par exemple ! Mais vous ne les aviez pas vus !

—Ah ! parfaitement. J'avais même aussi emporté la clef.

— Eh bien ?

—Eh bien, je l'ai rapportée tout doucement et je l'ai glissée sans bruit dans la serrure.

— Et après ?

— Eh bien, après, ç'a été fini. Comme cela, je n'ai pas eu de discussions dans mon ménage.

— Mais votre honneur ?

— Je l'ai mis ailleurs, puisqu'il n'était pas en sûreté là. Voilà tout.

— Alors, c'est le conseil que vous me donnez ?

— Absolument.

— Vous n'avez jamais regretté votre magnanimité ?

— Au contraire, je m'en suis applaudi toute ma vie. D'abord ma femme est morte, et ce sont ses parents qui m'ont fait nommer commissaire.

— Vous ne vous êtes pas dégoûté de vous-même ?

— Au contraire, je me suis rattaché à moi davantage, puisque je n'avais plus que moi seul à estimer.

— Savez-vous que vous me tentez ! Le ridicule, la misère, ce n'était rien... Mais ne plus pouvoir payer ma cotisation à la Société !

— Allons ! un bon mouvement. Rentrez donc doucement.

Et Lejoyeux poussait Giroflé vers la porte.

— Enfin, le voilà parti ! Quel pleutre ! quel goujat ! Mais je vais enfin pouvoir reprendre ma pipe.

Et Lejoyeux s'allongeait dans sa causeuse, la main tendue vers une allumette. Tout à coup la porte se rouvrit et Giroflé rentra comme un coup de tonnerre.

— Impossible ! fit-il.

— Et pourquoi donc ?

— Mais parce qu'ils m'ont vu !

— Eh bien ! Allons donc ! dit Lejoyeux ; et il fit deux pas pour aller décrocher son écharpe.

— C'est que, fit Giroflé hésitant, la fortune vient de ma femme.

— Je suis prêt, reprit le commissaire qui, en un clin d'œil, avait remplacé sa vareuse par une redingote noire et son béret par un chapeau. En route !

— Un instant, murmura Giroflé.

— Je n'ai pas un instant à perdre. D'ailleurs, puisqu'ils vous ont vu, que voulez-vous y faire ?

— Monsieur Lejoyeux, vous m'avez parlé en ami, tout à l'heure.

— C'est vrai. Mais dépêchons.

— Voulez-vous me rendre un grand service ? Allez-y, mais pas pour constater le flagrant délit.

— Pourquoi faire alors ?

— Pour demander à Isidore et à ma femme leur parole d'honneur de ne pas raconter qu'ils m'ont vu !

XXIV

LE DOUANIER GALANT

Je choisis ce titre, me dit Jacques, pour que vous sachiez bien que la chose ne se passe pas en France. — Nos douaniers, à nous, ne sont pas galants, et leur uniforme ne rappelle en rien celui des gardes-françaises. Ce sont de bons serviteurs de l'État, dont le plus grand souci est de nous empêcher de fumer des cigares belges, en quoi ils ont raison, parce que les cigares belges ne sont guère bons qu'à accommoder les perdrix aux choux. Mais il n'en est pas de même dans le grand-duché de Pettembourg, que je ne vous engage pas à chercher sur la carte, attendu qu'on l'y a oublié, lui et sa capitale Wessemberg, qui est pourtant une bien jolie ville. Là, messieurs les *gabelous,* comme disent encore les contrebandiers et les gens malappris, sont la coqueluche des dames, grâce à l'élégance de leur tenue et au précieux de leurs manières. Et la chose se comprend vraiment à merveille, ce pays-là ne produisant absolument rien par lui-même, et sa seule industrie consistant à faire payer des droits aux étrangers sur tout ce qu'ils ont dans leur poche. Les douaniers y sont donc le grand rouage du gouvernement. A eux les plus nobles fonctions, à eux les plus beaux uniformes, à eux surtout les cœurs aimants ! Ils y constituent la véritable noblesse, l'aristocratie, le high life. On ne reçoit dans leur cercle que de parfaits gentils-hommes et des gens ayant plus de quatre quartiers, ce qui fait joliment enrager l'arithmétique. Leur directeur général est une façon de Mamamouchi.

Or, au temps où commence cette histoire, ce potentat était le sémillant Bourikfeld, un petit gros qui avait juste encore assez de cheveux pour compromettre une purée Crécy et assez de dents pour avoir encore de temps en temps une fluxion. En voilà un qui avait fait des victimes ! — Comme il le disait lui-même avec une vanité souriante, il avait à l'endroit du sexe un irrésistible truc, quelque chose comme un talisman. Mais les talismans eux-mêmes s'usent, même dans les plus insipides féeries. Vous allez donc apprendre comment celui du sémillant Bourikfeld fut brisé par un pouvoir supérieur, celui de la fatalité.

La belle comtesse Julia de Montrieux revenait des eaux de Spa, qui sont à la distance que vous voudrez du grand-duché de Pettembourg et de sa capitale Wessemberg. Vous avez peut-être, certainement même, rencontré quelquefois la comtesse qui voyage beaucoup. C'est une admirable créature, dont le profil fait l'admiration des statuaires, et le teint lilial le désespoir des peintres. Son grand charme est dans l'expression toute moderne de ce visage aux noblesses antiques. Quand la figure de la comtesse est au repos, on la pourrait prendre pour Minerve. Mais, quand elle rit, c'est à Manon Lescaut qu'elle fait penser. Une invincible gaieté fait passer comme des rayons de soleil printanier sur ce beau marbre. Telles, à travers les feuilles naissantes, les clartés tremblantes et mouillées d'avril viennent, dans nos jardins, palpiter au front rêveur des statues. Et, maintenant, si jamais vous avez ren-

contré Mme de Montrieux, je suis absolument
certain que vous l'avez reconnue.

Donc, elle revenait de Spa, où elle avait passé
deux mois en compagnie d'un gentilhomme assez
authentique, mais tout à fait ennuyeux, le major
Van den Croutt. Elle se rendait seule à Wessemberg, où l'appelaient des affaires d'intérêt. Inutile d'ajouter que, comme toutes les élégantes
en voyage, elle était suivie d'un monde de malles
et de cartons. Il y en avait de toutes les tailles,
de gigantesques et de minuscules, de quoi dé-
ménager le Panthéon par morceaux, de quoi occuper pendant vingt-quatre heures la douane
d'un grand pays. Mais la comtesse avait horreur
des formalités qui retardent l'heure des repas.
Avant d'arriver à Wessemberg, elle avait pris ses
précautions, et c'est munie d'une lettre de re-
commandation pressante pour le sémillant Bourikfeld, qu'elle fit son entrée dans la gare. Et
quelle entrée ! Les réverbères eux-mêmes se pen-
chaient pour la regarder dans sa délicieuse toilette, faite d'une petite toque à plumes rabat-
tues, d'un mantelet de loutre et d'une robe d'un
vert sombre.

Bourikfeld fut si fort ébloui qu'il faillit en laisser tomber sa dernière dent et l'unique cheveu qu'il avait fendu en deux, à l'extrémité, afin de pouvoir se coiffer, avec, à la Capoul.

Aucun des colis de la comtesse ne fut visité, mais le galant douanier lui demanda la permission de lui faire visite, à elle.

— Mon Dieu, monsieur, lui dit Julia de Montrieux avec une charmante impertinence, je n'y vois aucun danger.

Elle ignorait donc, l'imprudente, ce que peut contenir d'obstination la vieille flamme d'un vieux beau ! Ce ne fut pas une visite que lui fit le sémillant Bourikfeld, ce fut une invasion qu'il lança sur elle. Il devint l'Attila de cette pauvre femme, dont il assiégea la porte suivant toutes les règles de la stratégie la plus raffinée. Il en fit le blocus avec une patience qu'eût admirée le prudent Annibal lui-même, le plus réfléchi des conquérants. Il établit des ouvrages avancés dans les deux escaliers, tenta des assauts à toutes les heures, fit des reconnaissances dans les moindres couloirs, déchaîna enfin contre la place la muette artillerie des plus invraisemblables cadeaux. La comtesse vit arriver chez elle et éclater en manière d'obus, des merveilles de tous les mondes. Où ce diable de Bourikfeld achetait-il tout cela ? Parbleu ! il ne l'achetait pas, le gros malin ! Il avait recommandé à ses douaniers un redoublement de surveillance, un surcroît de sévérité et, sur toutes les saisies importantes, il prélevait les plus beaux objets pour attendrir le cœur de l'inhumaine. Mais celle-ci les repoussait tous, bien que n'en sachant pas la source criminelle.

O fragilité de la femme ! La boîte de Pandore contient toujours le secret d'une chute. Mme Julia de Montrieux était parfaitement décidée à ne rien accepter du sémillant Bourikfeld et cependant, une fois, la tentation fut trop forte et elle conçut le lâche dessein de payer d'une simple espérance un présent qu'elle n'avait pas la force de refuser. Imaginez donc qu'il s'agissait d'une pièce de dentelle tellement admirable que la comtesse n'avait jamais vu qu'une fois la pareille, pendant son voyage en Belgique. Cette merveille avait même été l'objet d'un dissentiment entre elle et le major Van den Croutt. Julia avait fait comprendre fort clairement devant le major son désir de la posséder, et celui-ci lui avait répondu par la description d'un plan de défense d'Anvers. La comtesse avait boudé ; le major s'était obstiné à décrire, et quelque rancune était restée de tout cela. Aussi, en entrait-il encore un peu dans la joie qu'eut la comtesse à tenir d'un autre que le major ce trésor tant envié et inutilement demandé, cet autre fût-il le sémillant et insupportable Bourikfeld.

La comtesse était devant sa glace, la fameuse dentelle posée sur sa tête. Elle essayait des effets de mantille et se faisait à elle-même un tas de petites mines charmantes. Le major avait annoncé son arrivée à Wessemberg et elle l'attendait exprès sous cette parure qui ne pouvait manquer de lui être désagréable à voir. On sonna, et un homme entra comme un ouragan, se jeta à ses pieds, prit ses mains et les couvrit de baisers ; puis la contemplant, avec extase, ainsi coiffée :

— Ah ! Julia, merci de l'avoir mise pour me recevoir, s'écria-t-il. Merci ! elle vous plaît donc encore ?

Julia contempla avec quelque étonnement le major. Car c'était lui qui parlait ainsi.

— Le fait est qu'elle vous va à ravir ! ajouta l'excellent officier avec enthousiasme.

Julia commença à trouver la plaisanterie d'assez mauvais goût.

— Ah ! pardon d'avoir tant hésité à vous l'offrir ! continua le passionné Van den Croutt.

Pour le coup, la comtesse n'y tint plus. De sa jolie main gantée de Suède, elle allongea une gifle à son adorateur, pendant que sa bouche, crispée par la colère, murmurait ces seuls mots :

— C'est trop de toupet !

Le major se releva, les yeux écarquillés par la surprise, et se laissa tomber sur un canapé.

Au même moment, un second coup de sonnette retentit et un second homme, se ruant comme une bombe dans la pièce, sans voir même le major atterré, vint rouler, comme une boule, aux pieds de la comtesse, lui prit aussi les mains et, les couvrant également de baisers :

— Ah ! Julia, merci de l'avoir mise pour me recevoir !...

Il n'eut pas le temps d'en dire davantage. Le major s'était levé, comme mû par un invisible ressort, et serrait à la gorge le sémillant Bourikfeld, qui geignait comme un veau sans mère.

Comme naguère les Sabines, Julia épouvantée se jeta entre les combattants.

Ah! l'explication ne fut pas comique pour le pauvre Bourikfeld! Il lui fallut reconnaître qu'il n'avait eu que la peine de chiper la dentelle dans un imprudent envoi du major Van den Croutt. Celui-ci, en effet, voyant Julia blessée de ses précédents refus, avait fini par acheter l'objet et par le lui expédier en fraude. Grâce au redoublement de surveillance édicté par Bourikfeld, le colis avait été saisi. Vous savez le reste. L'aventure fit grand bruit à Wessemberg et le pauvre Bourikfeld fut obligé de donner sa démission. Son successeur s'empressa de réclamer la dentelle à la comtesse, comme appartement à l'État, et le major Van den Croutt fut obligé d'en payer une autre à sa bien-aimée, ce qui le désobligea prodigieusement, attendu que, comme homme, il était amoureux, mais, comme Belge, économe avec les femmes.

La morale de cette histoire est que la contrebande est un dangereux métier.

XXV

UNE RUPTURE

— Il faut convenir, me dit mon ami Jacques, que les femmes sont les créatures les plus fourbes du monde !

— Le fait est, lui répondis-je, qu'après l'homme, je ne sais rien de plus pervers dans l'humanité.

— Rien n'est sincère en elles, ni leur amour ni leurs serments, ni leurs haines ni leur colères.

— Il est encore vrai qu'après l'homme, il n'est pas d'être sur la terre qui dise moins souvent la vérité.

— Celui qui prendrait au sérieux ce qu'elles racontent ferait mille folies par jour !

— Comme celui qui écouterait un homme qui lui veut emprunter de l'argent.

— Et de quelles câlineries hypocrites sont-elles capables pour atteindre leur but !

— Je ne connais rien de plus dégoûtant que les

platitudes dont est susceptible un homme qui veut être nommé sous-préfet.

— Tiens ! cette madame Beaugency !...

— Arrivons donc vite au fait ! Tu as encore une déception en amour ?

— Moi, au contraire, je suis le plus heureux des mortels en ce moment. Une maîtresse que j'adore et que je ne croyais plus revoir m'est rendue.

— Eh bien, alors !

— Mon bonheur n'en est pas moins empoisonné par la fausseté qu'elle m'a montrée dans cette affaire.

— Avoue que tu ne l'en aimes que mieux.

— C'est vrai, mais je l'aime avec mépris !

— Le beau mérite qu'il y aurait à aimer une femme qu'on estime !

— Non ! c'est à croire que ce que nous aimons le mieux dans la femme, c'est son infamie.

— Le fait est qu'en amour, nous n'avons rien à espérer de sa vertu.

— Mais c'est honteux, notre faiblesse !

— D'accord, mais pénible serait notre courage. Assez de philosophie, mon pauvre Jacques, et conte-moi ça.

Jacques continua ainsi :

— Tu ne t'intéresses pas démesurément à l'honneur de M. Beaugency ?

— Moi ? je m'en fiche comme de Colin Tampon.

— Alors je n'ai aucun ménagement à prendre pour t'annoncer qu'il est cocu ?

— Mais je serais navré qu'il en fût autrement.

— Je le croyais ton cousin.

— Eh bien, après ! Me crois-tu donc assez égoïste pour souhaiter que ma famille soit un obstacle aux joies du reste du monde ? Le particulier doit céder devant le général. Généralement un seul cocu fait plusieurs heureux. L'intérêt universel est donc qu'il y ait infiniment de cocus et, comme autrefois Brutus, j'immole les miens à mon pays.

— C'est moi qui me suis chargé de le servir, dans le ménage Beaugency.

— Mes compliments, Jacques ! Car ma cousine est charmante.

— Ah ! tu ne la connais pas comme moi !

— J'en conviens. J'ai cru agir convenablement en prenant du service dans une autre garnison.

— Tout est charmant en elle !

— Je n'ai pas besoin de le savoir.

— Ses mains !... son pied !...

— Ah ! tu m'embêtes ! C'est à croire que tu veux t'en débarrasser.

— Moi ! ah ! plutôt mourir cent fois que de renoncer maintenant à elle. Jamais je ne trouverais sur toute cette planète une petite canaille aussi accomplie ! Et tout en elle respire l'innocence ! Elle est blonde comme les étoiles ! Elle a les yeux bleus comme le ciel ! Et elle s'appelle Blanche !.. Il ne lui manquerait plus que de se nommer Ange ou Sainte par-dessus le marché. Ses moindres actions sont marquées au sceau d'une sincérité qui s'impose. Elle ! ne pas penser ce qu'elle dit ! Mais alors le soleil fait semblant d'éclairer et le blé se moque de nous en nous faisant croire qu'il nous nourrit !

— Mais enfin, que t'a-t-elle fait ?

— Oh ! un rien ! Voilà ce qui est pis, mon cher ! un rien ! une toute petite chose qu'un autre, moins clairvoyant, eût peut-être laissée passer inaperçue, mais qui, pour moi, dénote une perversité ! Tu vas en juger.

Quand il fut résolu que Beaugency serait cocu, nous décidâmes en même temps, Blanche et moi, que nous le lui cacherions avec le plus grand soin. La discrétion, dans ce cas, est de bonne tenue. Certainement il serait piquant, la chose faite, de se mettre à danser devant le mari, en lui faisant des cornes, mais ces gamineries-là sont mal vues dans la bonne société. L'usage est de tenir le mari en dehors de ce qui se passe chez lui. Nous nous conformâmes à l'usage et je louai un petit appartement meublé, rue Chapon, pour y recevoir Blanche tous les jours, pendant que M. Beaugency serait à la Bourse. Car tu sais que ton cousin tripote. Cela seul avait suffi à m'ôter tout remords. Tromper un homme qui beugle, pendant deux heures comme un taureau, dans un temple grec, me paraît une œuvre pie. Ah! mon ami! quelle délicieuse année nous avons passée dans ce petit coin !

Blanche ne manqua pas une seule journée. Le dimanche, elle envoyait son mari aux courses, qui sont la Bourse des jours fériés. Je ne te dirai rien de nos joies intimes. Je pourrais m'échauffer à ce récit plus qu'il ne convient. Sache seulement qu'elles étaient mêlées de mille enfantillages. Il est une chose surtout qui nous faisait rire aux larmes. Pendant cette longue période de bonheur, Blanche était si distraite et si pressée de me venir rejoindre que, pas une fois, entends-le, pas une, elle ne pensa à apporter un tire-bouton. Aussi, pour fermer sa mignonne bottine sur son pied de reine, me fallait-il, chaque jour, tordre je ne sais combien d'épingles à cheveux, si bien qu'elle sortait chaussée à ravir, mais la chevelure mal retenue et presque absolument décoiffée. Cet oubli quotidien avait fini par nous amuser beaucoup. Les amoureux sont comme les enfants. Ils pleurent et ils rient de peu de chose ! Ne me dis pas que ce détail est sans aucun intérêt. Tu verras tout à l'heure son importance !

Un an, mon ami ! oui ! un an tout entier ! Le trois cent soixante-sixième jour seulement (et l'année n'était pas bissextile) de notre liaison, un orage la traversa. Une querelle commencée presque en riant et terminée par une sérieuse fâcherie. Nous avions tellement perdu la tête que nous nous étions mutuellement reproché notre conduite à l'égard de Beaugency. Je l'avais appelée : Épouse adultère ! et elle m'avait répondu : Perfide ami !

— Vous ne me reverrez jamais ! me dit-elle en partant.

Le lendemain j'étais positivement désespéré. Je lui écrivis une lettre qui demeura sans réponse. Ce jour-là, je me rendis, à l'heure ordinaire, au lieu du rendez-vous, ne pouvant croire qu'elle eût le courage de n'y pas venir ; mais j'y restai seul. Seul aussi, le jour suivant, et seul encore le troisième, bien que j'eusse rédigé vingt épîtres plus touchantes les unes que les autres. Le quatrième jour, je souffrais tant de cet abandon que j'avais mis un revolver dans ma poche, décidé à mourir dans ces lieux encore pleins d'elle et du souvenir de mon bonheur.

Quand l'heure accoutumée sonna, j'entendis un bruit léger à la porte. — Je tressaillis. L'huis s'ouvrit et Blanche apparut sur le seuil. — Je me précipitai à ses pieds :

— Ah ! merci d'avoir eu pitié ! lui criai-je en tendant vers elle des mains suppliantes.

Mais elle, froide, et me repoussant doucement :

— Vous vous trompez, me dit-elle, je viens vous dire un adieu éternel.

Un tremblement me prit et je la regardai avec des yeux de fou. Mais elle continua sur le même ton et me désespéra de si belle manière, qu'après une scène poignante où je me brisai, où j'épuisai toutes les soumissions et toutes les prières, où je me traînai devant elle comme un supplicié lâche devant le bourreau, à bout de forces, à bout de courage, je tirai de ma poche l'arme libératrice et la posai sur mon front.

Je dois à la vérité de dire qu'elle arrêta ma main. Une lueur d'espérance traversa mon cerveau. Mais Blanche commença à me raisonner avec plus de douceur, il est vrai, comme un enfant qu'on gronde maternellement. Je la pressai d'être, une dernière fois, ce qu'elle avait été....

— Je me suis juré à moi-même de ne plus faiblir, me dit-elle avec une solennité singulière. Je l'ai juré sur la tête de mon mari. Je me regarderais, moi-même, comme la plus méprisable des femmes si je manquais à un serment si haut...

Que répondre ?... J'étais vaincu !... J'allais y renoncer moi-même.

Cinq minutes après, elle était dans mes bras.

....

Nous venions de passer les deux plus belles heures de notre vie d'amoureux.

— Ah ! bien, me dit-elle, si j'avais pensé, en venant ici, que c'était pour cela, je ne serais certes pas venue.

— Vous le regrettez, Blanche ?

— Non, Jacques, je constate seulement que la femme est un être bien faible et que vous autres, hommes, avec de belles paroles et des larmes, vous faites de nous tout ce que vous voulez,

— Mais cette faiblesse et cette clémence sont votre charme éternel, votre plus doux privilège, ma bien-aimée !

— Ta ! ta ! ta ! ta ! C'est horrible de se dire : J'étais partie, résolue à ne plus m'humilier devant cet homme, et le voilà mon maître plus que jamais. J'étais venue pour rompre ma chaîne, et j'y ai ajouté un nouvel anneau !

Elle me disait tout cela tout en achevant sa toilette et moi j'étais, je l'avoue, assez fier de l'avoir fait revenir d'une inébranlable résolution, d'avoir vaincu une volonté aussi ferme, de lui avoir fait cette surprise d'agir contre son propre parti pris.

Elle venait de glisser son pied dans sa bottine et d'en poser le bout sur une chaise. Mais au lieu de chercher, comme autrefois, une épingle à cheveux sur sa tête, je la vis fouiller dans sa poche et en tirer un tire-bouton.

— Tiens ! me dit-elle en me le montrant avec une mutinerie triomphale, aujourd'hui je ne l'ai pas oublié !

XXVI

HISTOIRE ÉPOUVANTABLE

Ce sera en 1900, s'écria Jacques. Non ! c'était en 1900, puisque l'usage est, je ne sais pourquoi, de raconter les histoires au passé. Après tout, imaginons que j'écris ces lignes en 1910 et qu'il y a dix ans que l'aventure eut lieu. Cette hypothèse n'est pas plus invraisemblable que beaucoup d'autres.

Donc c'était en 1900. La peine de mort n'avait pas encore été abolie en France, mais il y avait une quinzaine d'années, pour le moins, qu'on n'y avait exécuté personne. Alors pourquoi l'avoir gardée ? — Les Prudhommes disaient à cela que c'était une terreur salutaire à laisser planer sur les criminels, comme si ceux-là étaient assez simples pour s'émouvoir d'un châtiment purement platonique !

Enfin, la peine de mort existait toujours, dans les lois au moins, et la France possédait un bourreau. Ce bourreau, nommé Jolicœur, était un gentleman accompli, qui n'avait gardé de sa profession que l'habitude de porter des chaussettes rouges dans des escarpins vernis. Un élégant, d'ailleurs, un muscadin presque, un peu plus un gommeux, très aimé des blanchisseuses de son quartier, et ayant eu des succès de l'autre côté de l'eau qu'il pouvait d'ailleurs traverser sans danger de se noyer.

A quoi, me direz-vous, passait son temps ce bourreau honoraire ? — Mais d'abord à élever des cocus en chambre dans son quartier, et puis à perfectionner sa petite machine ; car il est remarquable qu'on perfectionne d'autant plus la guillotine qu'on s'en sert moins. Elle sera parfaite quand on l'aura supprimée, et alors ce sera vraiment dommage de faire disparaître une perfection de ce monde, qui en compte si peu. Seulement, Jolicœur avait travaillé son outil à un point de vue très particulier. Assez longtemps, pensait-il, on s'était exclusivement occupé des commodités du patient et il était temps de penser à celles de l'exécuteur. Tout avait été fait pour transformer la décapitation en un sorbet sur le cou, tandis que rien n'avait été tenté pour l'amusement et l'économie du propriétaire du meuble. Aussi Jolicœur avait creusé la question. Le transport du bois de justice, par exemple, était une vraie ruine. Il avait cherché de ce côté, et, finalement, il avait accouché d'un petit appareil en palissandre, très coupant et très portatif, si portatif qu'on pouvait le mettre dans un sac de voyage, où il ne tenait pas plus de place qu'un nécessaire de toilette. Non, vrai ! c'était devenu un vrai bijou, facile à suivre en voyage et d'un usage tout à fait agréable. Jolicœur en avait présenté le modèle à l'Institut, et en avait reçu une médaille de philanthropie.

Jolicœur achevait un jour une tête de veau à l'huile, quand un pli cacheté de rouge lui vint du ministère de la justice. C'était tout simplement l'ordre de se rendre à Carcassonne pour y décapiter un nommé Thomas, qui avait tué sa bonne sous prétexte que celle-ci faisait danser l'anse du panier. Pourquoi diable les foudres, depuis si longtemps éteintes de la justice, s'étaient-elles rallumées pour accabler le pauvre Thomas ? Je vais vous le dire. Le crime manquait absolument de pittoresque et de détails horribles. Il était si bourgeois et si bêtement accompli, que les jurés en avaient été écœurés. Tous s'étaient dit : cet homme nous embête avec son forfait de quatre sous ! Son avocat l'avait à peine défendu, n'ayant rien à tirer d'affreux de cette mauvaise action sans relief. Plus souvent qu'on aurait accordé des circonstances atténuantes à cet animal dont les atrocités étaient nulles, et qui n'avait rien d'amusant dans son vice ! Thomas s'était bien pourvu en cassation et en grâce ; mais à la cour, comme à la présidence, on avait éprouvé un dégoût frisant le dédain pour cet assassin sans physionomie. — « Voilà un bon exemple à faire, avait dit M. le ministre de la justice. Ça apprendra à ces messieurs à être un peu plus drôles dorénavant. »

Jolicœur fut assez ennuyé de ce départ qui contrecarrait un rendez-vous d'amour. Néanmoins, le plaisir d'employer, pour la première fois, sa petite guillotine de poche contrebalança bien vite sa mauvaise humeur. Il serra le joujou à têtes dans son sac de nuit et partit en fiacre pour la gare d'Orléans, ayant l'air du premier voyageur venu.

A peine était-il installé dans un coin de son wagon de première, ayant d'ailleurs posé dans le filet son homicide colis, qu'une jeune dame entra, dont une voilette épaisse couvrait le visage. Et puis, le sifflet donna le signal, laissant la nouvelle venue en train d'installer sa valise, une petite valise légère, au-dessus de sa tête.

Ils n'étaient que deux dans le compartiment.

Jolicœur en profita pour faire le galant. Il ne voyait pas les traits de sa compagne, mais il avait pu s'assurer que sa taille était charmante, qu'elle avait un pied de duchesse et une petite main blanche dont chaque geste semblait l'envolée d'un pigeon ; au demeurant, une créature tentante sous l'anonymat de sa coiffure, sentant les parfums les plus suaves et bien faite pour tourner la tête d'un bourreau galant.

On causa. On se fit, bien entendu, un tas de mensonges. Le voyage était long ; il fut abrégé par mille intimités charmantes. Ah ! ma foi ! Jolicœur ne pensait guère à Thomas, et il eût voulu que Carcassonne fût à l'autre bout du monde !

On y arrivait cependant. Le sentimental exécuteur était à bout. Il avait perdu la tête. On criait aux portières : « Carcassonne ! Carcassonne !.... » La dame y descendait comme lui. Elle daigna lui donner son adresse et un rendez-vous pour le lendemain matin. Fou de joie, il avait bondi, son petit bagage à la main, et s'était perdu dans la foule, plein de rêves incandescents et voluptueux. Le rendez-vous était pour huit heures. Il fallait que Thomas, ce malencontreux Thomas, fût bâclé avant.

La grande place de Carcassonne regorgeait de spectateurs. Toutes les chaises de l'église avaient été louées au curé. A six heures sonnant, Thomas arrivait, toujours abreuvé de mépris par l'humanité. Il n'est pas jusqu'à l'ecclésiastique qui devait l'assister qui, lorsqu'il avait voulu se confesser, ne l'eût écouté avec distraction et n'eût semblé lui dire :

— Peuh ! un péché de cinquante-sixième ordre ! Du purgatoire tout au plus !

Jolicœur attendait, fiévreux, son paquet à la

main. Il n'avait pas un moment à perdre pour dépêcher son client et courir aux pieds de sa belle. Thomas, résigné, s'était mis à genoux sur une dalle que les gendarmes lui avaient indiquée. Alors, Jolicœur ouvrit le sac de voyage et pâlit horriblement.

Ses mains, trop précipitées, en avaient tiré, au lieu de son outil de travail, une jolie chemise de femme en soie bleu-clair et quelques appareils familiers de toilette, entre autres un charmant clyso à bout d'ambre.

Malheur! trois fois malheur! Par une distraction inexplicable, en sautant de chemin de fer, il avait emporté la valise de sa voisine et lui avait laissé la sienne.

Cependant, à la vue de ces engins de mort inattendus, la foule avait poussé un hourrah d'étonnement, et Thomas avait jeté les hauts cris.

—Je ne veux pas de votre lavement empoisonné, criait-il! j'ai droit à la décapitation. Le code est formel. C'est ma tête seule que vous devez frapper! Vous avez le droit de me tuer, mais pas de me déshonorer en me donnant publiquement ce vénéneux clystère!

Et la foule prenait visiblement parti pour lui.

La position de Jolicœur devenait intolérable. Heureusement que c'était un homme de résolution. Il remit brusquement les causes du désarroi public dans le sac et, fendant la presse, il se sauva à toutes jambes, pendant que Thomas pinçait un rigodon de délivrance avec les gendarmes, qui crevaient de rire à se mouiller leurs bottes.

A travers rues, ruelles, boulevards, chaussées, promenades, Jolicœur courait, courait, poursuivi par le tumulte des chiens et des polissons. Il avait atteint la demeure de sa bien-aimée et, par un brusque mouvement, il avait disparu dans la maison, dépistant toutes les traces. Un instant après, il frappait délicatement à la porte de la chambre de sa délicieuse compagne de voyage... Mais rien ne lui répondait.

Alors il ouvrit timidement la porte, comme font les amoureux qui espèrent trouver leur maîtresse endormie.

Mais un spectacle horrible l'attendait.

Sur une table, sa petite guillotine était dressée,

et, à côté, une tête de femme était posée, si délicatement coupée, qu'elle semblait sourire encore, tandis que le corps, demeuré assis sur une chaise, paraissait attendre tranquillement qu'on le raccommodât. La scène était malheureusement la plus facile du monde à reconstituer. Elle aussi, la dame, en ouvrant sa valise, avait eu une surprise, mais y trouvant quelque chose qui lui avait paru être un délicieux nécessaire de toilette, et prenant en particulier la lunette de la guillotine pour un miroir, elle s'en était si fort approchée qu'elle y avait passé la tête... et, crac ! le ressort mystérieux avait joué. La tête avait roulé.

Jolicœur était à la fois confondu de la beauté de sa découverte et vivement embarrassé de ce cadavre.

Mais la providence veillait sur lui.

Ayant fouillé les poches de la morte anonyme pour tâcher d'y trouver les traces de son identité, il y avait découvert les preuves du plus horrible forfait. Cette femme avait empoisonné toute sa famille pour en hériter et avait fait mourir son mari en lui enfonçant des épingles à cheveux dans le cœur pendant son sommeil. Jolicœur fit, sur place, une petite instruction et prit le parti d'écrire à son ministre la vérité.

Celui-ci fit un rapport au président de la République qui, frappé du caractère providentiel de cette histoire, dans laquelle un quasi innocent avait été miraculeusement sauvé et une grande coupable non soupçonnée, punie, proposa aux Chambres de charger désormais la nature ou Dieu, au choix des croyances, du soin de supprimer de ce monde les gens indignes d'y vivre. Et voilà comment la peine de mort fut abolie en France, cette année-là. Mais Jolicœur n'a pas été épuré pour cela. Il est bourreau à la suite et porte encore des chaussettes couleur cerise. Les Prudhommes sont convaincus que la suppression de son traitement au budget porterait un coup terrible à la moralité publique. Dans une vingtaine d'années seulement, on ne lui donnera peut-être pas de successeur à sa mort.

XXVI

OTHELLO BARRIGOUL

Croyez-vous à l'influence des prénoms sur nos destinées ?

— Moi, pas le moins du monde, répondit Jacques, et jamais l'idée ne me serait venue d'appeler, sur les fonts baptismaux, mon fils : Pascal, dans l'espoir qu'il inventerait une nouvelle brouette, ou : Tanner, dans l'unique but de le nourrir économiquement.

Il semblerait, cependant, au premier abord, qu'en nommant Othello le dernier rejeton de leur race obscure, M. et Mme Barrigoul eussent deviné son caractère. Mais allons au fond des choses. Pourquoi ce vocable avait-il été choisi ?.. Parce que c'était au sortir d'une représentation du *More de Venise* de Ducis que Mme Barrigoul avait, pour la première fois, senti tressaillir ses entrailles (l'expression est odieuse, mais consacrée).

L'étranglement de Desdémone avait d'ailleurs

si prodigieusement impressionné cette naïve personne, une Cassoulade de Montauban, s'il vous plaît ! que l'enfant était venu au monde avec une teinte pain d'épice très caractérisée.

Nous nous trouvons donc, déjà, non plus devant une coïncidence banale, mais en présence de ce phénomène du regard que les Grecs avaient eux-mêmes observé, puisqu'ils ne permettaient aux femmes enceintes que la contemplation de nobles modèles.

Ajoutez à cela que, fils unique, et par conséquent très gâté, le jeune Othello possédait toutes les formes de l'amour-propre et toutes les variétés de l'égoïsme.

La jalousie, en amour, étant l'expression la plus stupide, la plus féroce et la plus dangereuse de ces deux vices, il était tout naturel qu'elle fût le lot de ce docile élève de maîtres trop indulgents.

Mais ce n'est pas tout. Très imbus de la littérature joyeuse du commencement de ce siècle, les parents de notre héros lui avaient enseigné cette doctrine bien fausse — malheureusement pour les célibataires — que toutes les femmes trompent leur mari. Aussi, pendant une quarantaine d'années, et je ne compte pas les mois de nourrice, les seuls pendant lesquels l'homme soit à peu près inoffensif, Barrigoul fils n'avait-il pas eu assez de railleries pour les membres de la grande famille, jusqu'à ce qu'un beau jour, las d'être seul et n'ayant plus, là, son père et sa mère pour lui faire des dévotions, il prit lui-même femme, et épousa sans solennité Brigitte Minot, une délicieuse fille de dix-huit ans, que des parents pauvres livrèrent sans remords à ce tyran.

Son premier soin fut, bien entendu, de quitter la ville — une ville de quinze cents âmes, au plus, — pour aller s'enfermer, avec sa nouvelle épouse, dans une petite propriété qu'il avait achetée sous un faux nom et avec l'intention bien ferme de n'y recevoir célibataire qui vive.

Jugez donc de son désappointement quand, au bout de deux mois de cette Chartreuse à deux, il reçut la lettre suivante de son vieux camarade Porphyre Ledoux :

« Méchant ami, je t'ai enfin découvert ! Oreste, que t'a fait ton Pylade ? C'est demain ta fête et je n'y tiens plus. Je pars ce soir. Tu me mettras à la porte, si tu veux, mais j'arrive. Euryale laissera ses fleurs à la porte de Nysus. — Ton fidèle Porphyre. »

— Le diable l'emporte ! pensa Othello.

Puis il eut un moment d'attendrissement. Ce Porphyre l'aimait tant ! — Car notez que ces égoïstes ont le don d'avoir toujours des amis exceptionnels. Ce sont des gens naïfs qui se disent : Il s'aime trop lui-même pour ne pas être aimable. Et puis Porphyre Ledoux n'était pas marié, il est vrai, mais c'était une variété d'homme bien inoffensive : un savant, Membre de la Société des sciences météorologiques de Grenoble, correspondant de l'institut libre de Voiron, officier d'académie de la république d'Andorre, lauréat des jeux thermométriques de Jersey, ce modeste observateur dépensait en ingénieuses expériences une petite fortune que, vous et moi, aurions mangée avec les cocottes. Son grand mémoire sur *certains effets de la foudre et notamment la nature de son bruit dans l'hypothèse où la lune serait habitée* lui avait valu une médaille à l'Athénée de Tonnerre.

— Celui-là n'est pas dangereux, pensa Othello. Il est si laid !

Et il ajouta, en se contemplant soi-même affectueusement dans une glace :

— Et puis, je les surveillerai. Et malheur si !...

La pauvre Brigitte sauta intérieurement de joie (exercice très difficile que je recommande aux acrobates) en apprenant qu'il y aurait un convive tout à l'heure. L'innocente créature ! Elle ne comprenait rien aux humeurs farouches de son mari et à cette fureur d'isolement. Aussi, se promettait-elle, toujours *in petto*, d'être bien aimable avec le voyageur pour le retenir le plus longtemps possible.

Son premier sourire à l'arrivant mit la passion d'Othello en éveil : un bon sourire de jeune femme cordiale et franche pourtant ! Porphyre avait un paquet sous le bras, que son hôte scruta de l'œil, sans en deviner le contenu, mais qui lui fit mauvaise impression... Un *Dictionnaire de déclarations* peut-être ! Autre indice grave : M. Ledoux, qui était ordinairement mis comme quatre sous (c'est un proverbe), avait fait des frais évidents de toilette. Le nœud de sa cravate, — chose rare ! — était par devant. Son pantalon couvrait les tiges de ses bottes au lieu d'en être couvert. Comble du dandysme : il semblait avoir ses deux bretelles ! Enfoncé Brummel ! il sentait bon... quelque chose comme la fleur d'oranger. Mais M. Barrigoul ne fut pas dupe de cette odeur fallacieusement virginale. Il ne s'en défia que davantage. Que fut-ce donc, quand, à table, il surprit de petits signes d'intelligence entre sa femme et son ami ! Il suivit du coin de l'œil cette télégraphie audacieuse. Au dessert, les deux misérables ne prenaient même plus la peine de dissimuler.

Ainsi Porphyre exécuta très clairement une mimique qui voulait dire : Pourquoi pas maintenant ?

Et Brigitte y répondit par une autre mimique qui voulait dire aussi clairement : Pas encore !

Puis le regard de M. Ledoux interrogea et signifia clairement : Où ?

A quoi l'index de Mme Barrigoul répondit en désignant une fenêtre, celle d'une chambre du rez-de-chaussée, toute enveloppée de verdure fleurie, et qui était la plus fraîche de la maison en été.

Othello eut un ricanement infernal.

— Qu'as-tu, mon ami ? lui dit Porphyre.

— Envie d'éternuer.

— C'est l'approche de l'orage. J'ai souvent remarqué cet effet... Ainsi, dans l'hypothèse, que j'accepte volontiers, pour ma part, où le nez des habitants de la planète Jupiter serait dix-sept millions de fois plus gros que le nôtre, il se pourrait que le bruit du tonnerre fût tout simplement l'écho, répercuté par les espaces célestes, de leurs coryzas. Cette théorie serait même plus flatteuse que celle qui l'attribue aux expressions irréfléchies de la lune.

— Va ! va ! mon gaillard ! pensa Barrigoul. Tâche de me donner le change maintenant.

Et son parti était pris. Celui de précipiter les faits et de sévir de suite.

Sous prétexte d'aller tirer les chauves-souris, il était descendu dans le jardin, son fusil sous le bras, et s'était mis en observation derrière un arbre, guettant la croisée toute mélancolique où pendaient les volubilis refermés par la nuit, et qu'avait si imprudemment désignée le doigt de sa femme. Il faisait un temps couvert que de lointains éclairs déchiraient. Un bon temps pour la vengeance ! comme on dit dans les mélodrames. Soudain les volets s'ouvrirent doucement, et Othello fouilla des yeux la demi-obscurité de la pièce. Il vit très distinctement, tout près du rebord de la fenêtre, une tête qui parut se pencher. Elle était surmontée, comme un chignon, d'un bouquet de feuillage. Madame avait mis des fleurs dans ses cheveux ! Elle se détachait sur quelque chose d'un blanc mat. On portait alors de larges collerettes, et Mme Barrigoul en avait une précisément. Cette tête était immobile, dans l'attitude de la rêverie, mais une autre ombre apparut — celle de Porphyre, très clairement, — qui, d'un geste rapide et passionné, la prit entre ses mains et la porta amoureusement vers son propre visage, sans qu'elle parût opposer la moindre résistance à cette familiarité.

Pan ! Pan ! ces deux coups secs se détachèrent sur un roulement vague de tonnerre.

Et les deux canons du fusil de M. Barrigoul fumaient encore quand il remit brusquement l'arme sur son épaule et rentra dans la maison, tremblant de tous ses membres et les yeux injectés de sang.

Il courut d'abord à la chambre de sa femme.

Celle-ci était en train de se délacer avec une tranquillité parfaite

— C'est Porphyre que j'aurai tué, pensa-t-il, mais quel admirable aplomb a sa complice! Oh! les femmes!

Et avec une indignation muette, mais non sans volupté, il regarda la belle coupable dénouer sur ses épaules son admirable chevelure blonde, pendant que son complice râlait, sans doute, la poitrine déchirée de deux balles.

— Votre ami Porphyre était fatigué du voyage, lui dit très naturellement Brigitte, et m'a chargé de l'excuser près de vous de ne pas vous avoir attendu pour se coucher.

— Où l'avait-on installé?

— Dans la grande pièce du fond. Mais n'y allez pas! vous allez le réveiller.

— Non, madame! il est des sommeils dont on ne se réveille pas! reprit Othello d'une voix sinistre.

Et, curieux de son propre crime, il sortit à grands pas.

Quand il entra dans la chambre de M. Ledoux, il ne fut pas médiocrement surpris de trouver celui-ci assis paisiblement devant sa table, écrivant à la hâte et ayant devant lui un énorme melon.

— Ah ! mon pauvre Othello ! lui dit affectueusement Porphyre,

Absolument ahuri, M. Barrigoul garda le silence.

— Imagine-toi, continua le doux savant, que, me rappelant ton goût pour le melon, je t'en avais apporté un que j'avais choisi moi-même, d'après des connaissances personnelles que j'ai de cette matière. C'était une surprise. Je voulais qu'on le mangeât ce soir, mais ta femme n'a jamais voulu. Elle a prétendu qu'il serait plus mûr demain. J'aurais mieux fait de suivre mon idée. On l'avait mis, figure-toi, pour le mieux conserver, dans la chambre la plus fraîche de la maison, et, avant de me coucher, j'avais voulu tout à l'heure aller vérifier son état, quand un des phénomènes les plus curieux de ma vie de savant se passa devant moi. Au moment où, ayant ouvert la fenêtre, je portais le fruit à mon nez pour le sentir où tu sais, un double éclair sillonna la nue, la foudre gronda par deux fois et le melon me tomba des mains. Le voici. Regarde !

Barrigoul s'approcha et vit, en effet, le melon déchiré en deux places, de trous réguliers et estompés de noir.

— Je me tâtai avec effroi, continua Porphyre. Je ne sentais aucun mal. J'allumai une bougie : aucun désordre dans la chambre. Et cependant la foudre était tombée là, les traces en sont palpables. Quelle découverte, mon ami !

— Quelle découverte ? interrogea Othello complètement abasourdi.

— Mais la puissance de ce fruit, pour détourner les effets de la foudre, ou plutôt pour en absorber les dangers ! Plus de paratonnerres, mon ami. Un simple melon sur la tête, c'est un progrès dont profitera l'humanité tout entière.

Et le bon savant, ayant quitté son grimoire, sautait de joie comme un enfant.

L'homme n'est jamais absolument méchant. Othello lui-même fut atteint de cette gaieté innocente. Il pensa, de plus, avec quelque angoisse, qu'il s'en était fallu de quelques lignes qu'il tuât injustement ce bon être. Il eut un accès de sensibilité inattendu. Il tomba dans les bras de son ami.

— Ce brave Porphyre ! lui dit-il en le serrant dans ses bras de toutes ses forces.

Cependant Brigitte, inquiète de l'absence de son mari, était accourue. Ce fut un embrassement général, et un huissier lui-même en aurait pleuré. Le mémoire de Porphyre Ledoux sur le *paratonnerre végétal* est déposé à l'Académie des sciences. Il en sera rendu compte avant qu'il soit dix ans.

XXVIII

L'ÉPREUVE

Lorsque Mlle Victorine Durand, en religion dramatique sœur Marcelle de Guise, parut pour la première fois sur les planches, dans la grâce ébouriffée de ses seize ans, un des princes de la critique, en humeur galante, lui consacra cette phrase qui aurait aisément trouvé sa place dans tel roman moderne : « Mlle de Guise est une étoile en herbe qui chante de main de maître. »

Aujourd'hui, je dirais volontiers que l'étoile est en blé, si Marcelle n'était plutôt brune que blonde, après avoir été l'une et l'autre. C'est une des rares filles de théâtre qui aient mieux qu'un minois chiffonné. Sa beauté (le mot n'est pas de trop) est faite d'une distinction réelle dans les lignes et, sur son visage, franchement moderne pourtant, erre un reflet du calme antique, d'où résulte, au repos, je ne sais quoi de marmoréen.

Je lui donne un nom de fantaisie dans cette

histoire, mais je serais ravi que vous la reconnussiez. Car « cette jeune personne est vivante », comme disent, dans les fêtes foraines, les montreurs de femmes géantes. Mais Marcelle n'est pas géante ; elle est de moyenne taille, très élégante de façons, avec un petit air dédaigneux. Sa bouche est adorable, bien que ne contenant pas soixante-quatre dents comme celle de Mlle Samary. Quand elle avait douze ans, elle mordait à toutes les friandises, au grand désespoir de sa mère, la prévoyante Mme Durand, qui craignait qu'elle n'abimât ce trésor, et ne manquait jamais de lui dire : « Mademoiselle, ce n'est pas avec sa bouche qu'une jeune fille bien élevée casse des noisettes. » Au reste, un poète contemporain a fait le portrait de Marcelle. Je le transcris ici comme dernière note de ce passeport et parce qu'il aidera, sans doute, à reconnaître l'héroïne de mon récit :

Deux yeux si grands qu'un coin du ciel doit s'y trouver !
Si profonds qu'on dirait deux étoiles tombées
Au creux du lac d'argent où la Nuit vient rêver,
Quand l'air vibrant s'emplit du vol des scarabées.

Comme un arc de corail les lèvres recourbées
Ont des traits dont nul cœur ne se saurait sauver,

Et David, sur ses pas, eût cru voir s'élever
Les jardins où passaient les blanches Bethsabées.

Dans sa grâce robuste et sa douce fierté,
On penserait, à voir sa riante beauté,
L'épanouissement d'une rose trémière :

L'ombre de ses cheveux, sombre et vivant réseau,
Baigne amoureusement son teint fait de lumière
Et passe, sur son front, comme une aile d'oiseau.

Y êtes-vous, maintenant ? Non ! Eh bien, tant pis pour le peintre ! Je suis résolu à ne pas pousser l'indiscrétion plus loin.

Mon ami Jacques, dont je vous ai parlé déjà, a un frère qui fait son droit à Poitiers. Léopold — c'est son nom — est un aimable garçon dont le seul tort est de croire qu'il a vécu, en province, la vie des Parisiens de Balzac. Il dit avec un grand sérieux : « Mon père m'a fait quitter Poitiers parce que j'y faisais trop de folies, et m'a envoyé à Paris pour m'y ranger un peu. » Plein de sagacité, ce père ! car c'est moi qu'il a chargé du soin de rendre ce fils prodigue digne de manger le veau gras familial. Seulement, Léopold ne se presse guère. Il me dit, pour s'en excuser, qu'il n'aime pas le veau et attend que cet animal soit devenu bœuf pour aller en grignoter une tranche au foyer du repentir.

En attendant, il trouve le moyen de faire presque autant de sottises à Paris qu'à Poitiers. Il y a des natures indomptables et que la Grande-Chartreuse ne protégerait pas contre elles-mêmes. Beaucoup de candeur au fond de cette humeur bruyante, de ces juvéniles emportements, de cette fausse expérience et de ce scepticisme d'emprunt. C'est ainsi que nous les font les préfectures.

Un soir que je promenais Léopold, après dîner, dans le passage Choiseul, ce qui est une occupation bigrement innocente, je le vis tomber en arrêt, devant la boutique d'un marchand de photographies, sur l'image de Marcelle. Le fait est que la de Guise, comme on disait au bon vieux temps, était charmante, ses cheveux dénoués sur les épaules, son pied mignon à peine agrafé au bâton d'une chaise, dans l'attitude méditative d'une personne dont le négligé n'a rien d'imprévu et dont le demi-déshabillé est parfaitement volontaire.

— La belle créature ! me dit-il avec émotion.
— Veux-tu acheter cette carte ?
— Oh ! non !

Et il ajouta, avec je ne sais quoi de pénétrant et de convaincu dans sa voix d'adolescent aux virilités sonores :

— Je voudrais qu'elle me la donnât.

— C'est beaucoup plus cher, lui fis-je observer philosophiquement, mais ce n'est pas impossible. Une heure après (ô père trop confiant dans un indigne Mentor !), Télémaque et moi nous entrions dans la grotte... non, dans la loge de Calypso Marcelle.

Une loge comme toutes les loges d'actrices. Je ne sais quoi de confortable et de bohème dosé dans d'agréables proportions. Tentures d'étoffes ; meubles pareils ; une psyché et une glace de toilette aux bords chiffonnés de dentelles. *Odor di femina*. Le parfum divin de la femme donnant quelque chose de grisant à l'air alourdi de poudre de riz. Mon jeune ami débuta par une bêtise : il traita avec un sans-façon déplorable une personne d'âge, habillée en mérinos noir, qui tâtillonnait humblement dans la pièce avec des allures de domestique. Léopold comprit l'étendue de sa faute quand il entendit Marcelle dire à cette dame :

— Maman, aie donc l'obligeance de remettre un lacet à ma bottine.

Mais il comprit bientôt aussi qu'elle était réparable, quand la délicieuse enfant se mit à apostropher Mme Durand dans ces termes :

— Décidément, ma pauvre mère, il n'y a pas plus moule que toi !

La présence de Mentor ne me parut pas justifiée dans ce temple du respect filial. D'ailleurs la présentation était faite. J'avais rempli mon devoir envers le vertueux Ulysse du Poitou. J'alléguai une course à faire, je serrai la main de Marcelle, je saluai Mme Durand jusqu'à terre, je prévins Léopold qu'il me retrouverait, s'il le voulait, à onze heures au café Riche, et je sortis, espérant pour lui qu'il ne m'y rejoindrait pas.

Mlle de Guise m'avait paru bienveillante pour mon élève. L'impatient lui avait demandé son portrait tout de suite et de but en blanc. Elle lui avait répondu très gracieusement :

— Je n'en ai plus ; il ne me reste absolument qu'une épreuve d'essai que je dois rendre au photographe.

Et comme il insistait follement pour avoir cet exemplaire unique, cette image avant la lettre :

— Nous verrons! lui avait-elle dit, si vous êtes bien sage.

Ce : « nous verrons ! » m'avait paru plein de promesses et de sous-entendus.

Une heure à peine après, le hasard me fit rencontrer, sur le boulevard, Léopold fort agité.

— Eh bien ? lui dis-je.

— Adorable ! j'en suis amoureux fou !

— Et tu es parti ?

— Un monsieur très décoré est venu ; elle l'appelle : mon oncle. C'était assez d'avoir à peu près outragé sa mère, sans me mettre à dos le reste de la famille. Ma présence paraissait gêner ce sexagénaire ; je me suis en allé.

— Tu as aussi bien fait.

— Mais je la revois avant la fin de la soirée.

— Est-ce que... ?

— Non! pas aujourd'hui. Mais elle m'a promis son portrait ; tu sais, la fameuse épreuve d'essai ! Je l'aurai ce soir même ! je passerai la nuit tout entière à la regarder !

Et il ajouta mille folies, comme en débitent les amoureux, ce qui les distingue des autres hommes lesquels ne disent plus de folies, mais seulement des bêtises et des platitudes.

— Elle écrira certainement un mot derrière ce carton, me disait-il avec l'enthousiasme d'un soldat annonçant la victoire de Marathon. Un mot de souvenir ! Bien mieux, un mot d'espoir ! D'abord elle a inscrit mon nom sur son calepin. C'était certainement pour cela. Ah ! je brûle de les lire, ces lignes que sa main blanche a tracées ! je voudrais les déchiffrer déjà, ces délicieuses pattes de mouche auxquelles pend mon bonheur ! Car on sait à Poitiers ce que les mots veulent dire ! M'appellera-t-elle son ami ? son cher ami ?... qui sait ? peut-être, son vieil ami ! On fait connaissance si vite !... Sera-ce un témoignage ? un gage ? un hommage ? Oh ! non ! ce serait glacial !...

Et il divagua longtemps de la sorte, tirant les pronostics les plus saugrenus et les conclusions les plus audacieuses des termes inconnus encore de la dédicace, probablement banale, dont il allait être l'objet. Je le laissais faire ! C'est si bon de rêver tout haut et de dire ses illusions aux étoiles ! Il m'avait ramené ainsi, en me martyrisant le bras, jusqu'à l'entrée des artistes du théâtre où jouait Marcelle, après m'avoir expliqué que ce n'était pas une femme comme toutes les autres, que c'était une nature tout à fait exceptionnelle et que même, du reste, à y regarder de près, sa mère, Mme Durand, avait l'air très distingué. Le monsieur décoré faillit nous tomber dans les jambes en sortant, tant sa démarche de vieux était chancelante !

— Je ne le croyais pas si cassé ! me dit Léopold d'un air triomphant.

Et il entra, en me priant d'attendre au moins dix minutes.

Cinq secondes après, il redescendait l'escalier, essoufflé, mais avec le ravissement sur la face.

Il m'attira sous un bec de gaz.

— Voilà ! me dit-il.

Et, fiévreusement, il rompit le cachet de cire dont l'actrice avait coquettement scellé son présent dans une enveloppe parfumée.

Il retourna le portrait, sans même lui donner

un regard, lut quelque chose, prit subitement un air hébété et me tendit machinalement le morceau de bristol.

Au revers du portrait de Marcelle étaient écrits ces simples mots d'une grosse et brutale écriture d'homme, celle du photographe :

Bon à tirer.

XXIX

HISTOIRE DE MON VILLAGE [1]

Il faut avoir appris chez les culs-de-jatte ou chez les carpes la géographie des environs de Paris pour ignorer ce coin de verdure fleurie qui s'appelle Grandbourg et fait face, sur les rives de la Seine, aux séculaires avenues de Soisy-sous-Etioles. On dit que c'est là, sur la berge toute bordée de hautes herbes, que Mme Deshoulières mena paître des moutons pour la dernière fois. Ce dont je suis plus sûr, c'est que de là s'envolèrent mes premiers rêves sur les ailes des papillons et des oiseaux. Est-ce parce que j'y pris les leçons de flânerie en plein air dont j'ai si bien profité, qu'aujourd'hui encore un bout de ciel bleu et un brin de mousse me rendent plus paresseux que les couleuvres étendues au soleil ? Est-ce parce que j'y fis mon éducation de joueur de

---

1. Cette histoire a été uniquement écrite par Jacques, à l'intention des cœurs sensibles.

billes et de toupie avec de petits camarades qui me trichaient avec enthousiasme? Je n'en sais rien. Mais il n'est pas de coin au monde qui vaille celui-là dans mon souvenir. L'odeur d'une violette ou le bruit perdu d'une chanson y ramènent ma pensée. Dans la grande patrie que j'adore, j'ai là une patrie plus petite, tout intime, passionnément aimée, où s'agitent les ailes blanches des beaux fantômes d'autrefois, comme des adieux. Je ne puis revoir Grandbourg sans qu'une griserie saine et douce m'envahisse le cerveau, comme si des bouffées d'enfance et de printemps me montaient au cœur.

C'est là, dans une maison coiffée de brique rouge, vêtue de lierre avec des bouffettes de volubilis au pied, pauvre et charmante dans son humble coquetterie, qu'habitait, il y a vingt ans, Pierre le forgeron, un beau gars aux bras d'athlète, une âme d'enfant dans un corps de fer, dur à l'ouvrage comme un mulet, ne buvant que le dimanche un coup de ce petit vin d'Evry, qui sent la framboise aigre, réveillant, le premier, son coq par une fanfare de gaieté matinale et qui aimait crânement sa femme Madeleine, une jolie blonde aux yeux bleus tout piqués d'or clair. Ils étaient mariés depuis deux ans et Madeleine était enceinte pour la première fois. Une rude joie pour la maison si le travail n'avait manqué déjà depuis plusieurs semaines, si bien que le pain semblait sortir plus lentement de la huche et que le pichet dominical lui-même ne s'emplissait plus que d'eau claire!... Oui, Madeleine était enceinte de six mois, portant d'ailleurs gaillardement son vivant fardeau et plus belle que jamais, comme si une fleur de lait s'épanouissait déjà sur son visage aux mates blancheurs. A propos de l'embonpoint d'Agrippine, Victor Hugo a écrit : « Il y a des ventres tragiques ! » Il y en a de comiques aussi. Dans l'épreuve de la grossesse, si dangereuse à leurs charmes, toutes les femmes ne se comportent pas de la même façon. Les unes, pour qui les voyous de Paris, toujours galants, ont imaginé la jolie expression de *moules à singes*, sont presque grotesques et prêtent à rire. D'autres, au contraire, revêtent je ne sais quelle majesté qui inspire le respect. On les reconnaît volontiers comme les austères gardiennes de l'espoir des races et on les saluerait presque au passage comme des êtres que consacre un mystère divin. Madeleine était de celles-là, enveloppée déjà, par la maternité à venir, d'une invisible parure.

Donc, pas d'ouvrage, et les deux époux causaient tristement derrière les volets presque fermés qui ne laissaient passer, de la lumière brûlante d'août, qu'un filet d'or coupant en deux la pièce et qu'un rond clair, dessiné par une lucarne ouverte dans le bois, et qui, posé sur la table, y faisait l'effet d'un beau fromage qu'un ange serait venu poser là, comme dans les fables bibliques. Ils devisaient de l'avenir, les mains dans les mains et la tête pleine d'angoisses.

— Bah ! pourvu que nous nous aimions ! disait Pierre.

Mais Madeleine, pensive, ne répondait pas.

Un coup frappé au volet les tira de leur méditation.

Cinq minutes après, Madeleine, ayant d'abord refermé vivement le volet, puis étant montée sur une chaise pour regarder à la lucarne, M. Minard entrait, cravaté de blanc comme à l'ordinaire, et son chapeau à bords larges dans la main, tout pareil, dans sa grande redingote boutonnée, aux bourgeois des albums de Gavarni. M. Minard était un philanthrope, — non pas qu'on l'eût jamais vu donner un sou à un misérable : — il prétendait que c'était humilier celui-ci dans sa dignité d'homme, — mais il avait composé plusieurs mémoires sur le paupérisme dans l'antiquité et avait lancé vertement le faux libéralisme de la *Revue des Six-Mondes*. Maire d'Evry pendant longtemps il avait beaucoup amélioré le mobilier du bureau de bienfaisance, et s'y était fait installer pour lui-même une table fort commode, ma foi ! Pour la payer, on avait dû rester deux ans sans distribuer de secours, mais elle était si large et si bien menuisée qu'il n'y avait pas à regretter son argent. Vous voyez que M. Minard était ce que nous appelons dans les oraisons funèbres : un homme de bien, et même, quand l'enterrement est copieux, un bienfaiteur de l'humanité.

— Je vous apporte une bonne nouvelle, Pierre, dit-il en s'asseyant.

— De l'ouvrage, monsieur Minard ?

— Justement, mon garçon, et pas trop loin, à six lieues d'ici, à Mennecy.

Pierre pâlit.

— Quitter Madeleine !

Madeleine, elle, avait baissé tristement les yeux.

— Eh bien ! que faut-il répondre, Pierre ?

— Que je ne puis... balbutia le pauvre homme d'une voix tremblante.

— Qu'il ira ce soir même, dit Madeleine en l'interrompant.

Comme un homme qui n'en demande pas davantage, M. Minard se leva, posa sur la table l'adresse, écrite de sa main, du nouveau patron du forgeron, et sortit en lançant à Madeleine un regard qui voulait clairement dire : Vous m'en répondez ?

La femme de Pierre laissa tomber sa tête lentement, comme quelqu'un qui consent à regret ou que prend un invincible sommeil.

C'est une légende joyeuse que celle des marquis du vieux temps, pinçant le menton des vilaines. Une opérette qui se respecte nous en montre toujours au moins un, qu'un sénéchal du voisinage ne manque jamais d'appeler « heureux coquin » ! Il serait peut-être temps de nous montrer aussi le bourgeois d'aujourd'hui, achetant à bon marché les belles filles. Voilà deux bons tiers de siècle que les Montmorency-Crevel et les Rohan-Patouillard, qui composent la noblesse d'argent qui succéda à celle de saint Louis, font austèrement des cochonneries qui ne les empêchent pas de passer pour d'excellents citoyens. — Les marquis ne payaient pas, mais ils donnaient. — Nos bons messieurs payent, mais ne donnent pas. Ils payent moins certainement que les autres ne donnaient. Ils font donc une économie sur leurs devanciers. — Allez voir une opérette quelconque : vous entendrez le bon marquis donner une propriété charmante en dot à Suzette. Aujourd'hui les femmes se vendent pour du pain les trois quarts du temps.

C'est cet abominable Minard qui me fait dire de ces choses tristes.

Car vous avez bien deviné que cet animal avait des vues, comme on dit dans le monde moyen, sur Madeleine. Il y avait beau temps qu'il en était amoureux ; mais tant que Pierre avait bien gagné sa vie, il savait bien qu'il n'y avait rien à faire pour son vilain museau. La misère du ménage lui avait rendu l'espoir : il avait feint de s'y intéresser.

Madeleine n'était pas sa dupe, et comme il avait eu l'esprit de ne lui rien dire, elle n'avait pas eu à s'indigner ou à rougir d'elle-même. Elle avait compris, c'est tout ce qu'il voulait. Elle avait compris que, dans trois mois, elle allait être mère et que, dans quinze jours, la pauvreté serait telle que l'innocent lui-même dépérirait dans son sein. Elle se disait d'ailleurs que son état présent la protégerait contre les tentatives immédiates de Minard, que le temps marcherait, que Pierre gagnerait vite de l'argent et arriverait certainement à temps pour la défendre. Des bêtises, quoi ! Ce que nous nous racontons à nous-mêmes quand nous n'avons plus de volonté que pour tomber.

Voilà le secret du dialogue que j'ai transcrit plus haut en fidèle historien des moindres choses comme des plus graves.

Le soir était venu.

Madeleine avait raisonné Pierre. Pierre avait beaucoup pleuré ; puis, sans dire un mot, comme l'enfant qu'on a grondé parce qu'il a laissé passer l'heure de l'école, il chargea ses lourds outils sur son dos, prit sa femme dans une étreinte folle, et sortit sans regarder derrière lui, sa poitrine étant plus pleine de sanglots que le soufflet de sa forge de vent, quand il secouait les étincelles du fer éclatant, aux belles heures du travail qui chante.

De sa fenêtre, M. Minard le vit passer en frottant ses grosses mains sèches avec un bruit de castagnettes.

Deux heures après, la lune couchant déjà une belle nappe d'argent sur les prés, un coup vigoureux était frappé au volet bien clos de Madeleine.

Vous croyez, gens naïfs, que c'est l'infâme Minard ? Elle le crut aussi et résolut de ne pas répondre, tout éplorée qu'elle était encore d'avoir quitté Pierre qu'elle aimait.

Un second coup plus fort retentit dans le bois qui craqua.

— C'est moi ! dit une voix bien connue.

Et c'était lui en effet ! lui, Pierre, à qui le cœur avait manqué en route et qui revenait.

Madeleine, remise de sa terreur, prit la résolution d'être impitoyable. Pourquoi venait-il recommencer son chagrin en lui disant un nouvel adieu ? Car elle y était décidée, il fallait qu'il partît, qu'il allât gagner de quoi l'arracher, elle et son enfant, aux obsessions du dehors. Elle n'ouvrit donc pas, mais, grimpant sur la croisée, elle commença à gourmander son mari par l'ouverture qui se trouvait, comme je l'ai dit, au haut du volet.

— Tu n'es qu'un paresseux ! finit-elle par lui dire.

Pierre eut un serrement de cœur qui faillit l'étouffer en entendant ce mot.

— Femme, dit-il d'une voix suppliante, je ne voulais que t'embrasser encore une fois ! J'ai fait deux lieues pour cela en courant. Ouvre au moins cette fenêtre.

— Non, répondit-elle.

— Femme, je t'en supplie, laisse-moi te presser, un instant seulement, dans mes bras.

— Non ! non ! non !

— Eh bien ! moi, s'écria le pauvre diable fou de douleur, je veux embrasser mon enfant.

— Quelle bêtise dites-vous là ! exclama Madeleine.

— Par la lucarne ! supplia le misérable Pierre qui avait perdu la tête tout à fait.

Certains accents ont une force irrésistible. Je ne sais quel ton il mit dans ces mots dignes d'un insensé. Mais Madeleine sentit tomber tout son méchant courage. Ce n'est pas à la fenêtre, mais à la porte qu'elle courut ouvrir à son mari, et la porte resta close sur eux jusqu'à bien après le chant du coq. Il furent réveillés par le facteur, qui apportait à Pierre un héritage inattendu. Minard faillit mourir de dépit.

Il y a à cela une morale, c'est que les femmes ne sont jamais absolument impitoyables, et qu'un seul cri parti du cœur a raison de leurs plus inébranlables résolutions.

XXX

DANS LA CHEMINÉE

1480. — Nous sommes en 1480, sous le règne de l'excellent roi Louis le onzième, qui portait, comme chacun sait, une chapelle de la benoîte Vierge à son petit chapeau. De plus, nous sommes à Blois, vers le haut quartier, dans une de ces maisons étranges dont le profil grimaçant découpe l'horizon des rues. Il est près de minuit et il fait un froid de tous les diables, sous un ciel d'un bleu sombre dont les étoiles semblent des perles de givre et dont la lune paillette de froides étincelles les gouffres noirs et sonores de la Loire. Il est minuit, et pourtant c'est grande cohue au dehors, tandis qu'aux fenêtres, des lumières effarées courent comme des constellations en débandade. Les chiens font un beau vacarme derrière les portes et l'on ne rencontre que gens se hâtant et traînant derrière eux de petits enfants déguisés en bergers et en rois mages. C'est que nous sommes à Noël, que les cloches font grand bruit et que l'église s'emplit de fidèles.

Isabeau est en train de terminer sa toilette. Elle a mis son plus beau cotillon, ses souliers des dimanches et achève d'enrouler au-dessus de sa tête délicieusement brune sa haute coiffe de dentelle, tout en marmottant des bouts de prière qu'interrompent quelques menus propos de satisfaction. Ding! don! ding! don! Les cloches s'impatientent. Il est temps de se mettre en route. Mais Guillaume n'est pas rentré. Guillaume est parti depuis plus de trois heures, pour aller restituer au juif Isaac, son voisin, la somme que celui-ci lui avait prêtée, six mois auparavant, au denier dix. Car Guillaume est un mauvais sujet, un ivrogne, moins que cela encore, un impie, et il lui faut sans cesse emprunter aux usuriers pour satisfaire à ses folies! Abomination! Guillaume a même une maîtresse, la Gertrude, une mauvaise fille, dont l'amant Tiburce est la terreur des honnêtes gens.

Un pas lourd et sans rythme ébranle l'escalier.

— Le voici, dit la pauvre Isabeau avec joie.

Et c'est bien Guillaume, en effet, Guillaume dont les jambes flageolent, dont la bouche jure et blasphème, Guillaume après boire, c'est-à-dire grossier, brutal et méchant.

— Te voilà bien vaillante ! grogne-t-il à sa femme en ricanant.

— Mon ami, n'allons-nous pas à la sainte messe pour la venue du Sauveur ?

Alors Guillaume se mit dans une épouvantable colère. Il cria de telles impiétés que la pauvrette se demanda comment le tonnerre n'écrasait pas immédiatement la maison. En fin de compte, il arracha la belle coiffe d'Isabeau, déchira son cotillon et la menaça de la traiter elle-même comme son cotillon et sa coiffe.

Celle-ci acheva de se déshabiller en pleurant.

Dans la maison à côté, le juif Isaac vient de recompter, pour la dixième fois, l'argent que Guillaume lui a enfin rendu. Il en a fait deux petits tas, l'un du capital, l'autre des intérêts. Le second lui paraît infiniment plus joli que le premier, et peu s'en faut que des larmes de tendresse ne lui viennent aux yeux en le regardant. Il n'aime pas cette nuit de Noël. D'abord parce que les chrétiens y prennent joie, et puis aussi parce que les maisons sont désertes et que les voleurs ne manquent pas d'en profiter... Il lui a semblé que la porte avait crié sur ses gonds. Il descend pour s'assurer que tout est bien clos, mais, au bas de l'escalier, sa lumière se souffle toute seule entre ses mains. En même temps un vigoureux poignet lui ferme la bouche, un bras nerveux lui enlace l'échine. Il fléchit, il est bâillonné. il est couché par terre, les poignets liés derrière le dos. Quel bon compagnon coupe-jarret que ce Tiburce ! car c'est lui qui, ayant appris par la Gertrude que Guillaume allait remettre de l'argent au vieil Isaac, avait suivi le mari d'Isabeau et s'était glissé, sur ses talons, dans la maison du juif. En deux temps il fut dans la chambre de l'usurier. Capital et intérêts, tout fut, en une seconde, dans la bourse de cuir qu'il portait pendue à sa ceinture.

Mais il fut bien désappointé quand il voulut partir. La porte d'Isaac ne s'ouvrait qu'avec un secret. Tiburce se déchira inutilement les mains à la serrure et se meurtrit l'épaule à vouloir enlever de ses gonds cet huis diabolique. Cependant la messe était finie et les gens revenaient, en chantant, non plus des cantiques, mais de belles chansons bachiques et amoureuses. Car le moment du souper était venu et les rues, comme des torrents, roulaient de la charcuterie sur un flot de vin clairet. Alors la peur prit Tiburce, bien que ce fût un coquin bien endurci. Il se dit qu'il fallait quitter à tout prix la maison, car la fantaisie pouvait venir à ces endiablés de donner un charivari au Juif et d'entrer violemment. Il monta jusqu'au faîte, sortit par une lucarne et, profitant d'un moment où la lune se cachait derrière un petit nuage, il se mit en demeure d'enjamber, sur le toit, la large cheminée qui séparait la demeure du juif de celle de Guillaume.

Mais, dans l'effort qu'il fit pour cela, sa ceinture se rompit et son escarcelle roula dans la cheminée !

— N'as-tu pas entendu, mon ami? dit doucement Isabeau à son mari.

— Que veux-tu encore, bavarde ? répondit grossièrement ce butor.

— Je parie que Noël est venu et qu'il m'a envoyé quelque présent dans ma chaussure, car je viens d'entendre certainement du bruit dans la cheminée.

— Comment, imbécile que tu es, tu as mis ton soulier dans l'âtre ?

Et le vilain homme grommela des horreurs que je ne répète pas, parce qu'il me serait impossible de continuer à écrire en me signant.

— Veux-tu cependant me permettre de me lever pour aller voir ?

— A ton aise. C'est toujours autant de temps que je serai débarrassé de ta compagnie.

Donc elle sauta du lit, toute frileuse et charmante à voir sous sa cornette de nuit et sa longue chemise blanche. Elle sauta, courut, pieds nus, jusqu'à la cheminée, en retira vivement son soulier et poussa un cri de joie.

— Noël ! Noël ! fit-elle, il y a une bourse dedans !

Pour le coup, Guillaume se leva aussi. Quand il vit la bourse, il eut tout de suite une idée méchante comme toutes les autres.

— C'est quelque galant, fit-il rudement à sa femme, qui a fait le tour pour te faire passer de l'argent. Allons ! donne vite.

— Laissez-moi seulement de quoi faire dire

une messe pour le salut de votre âme, dit douloureusement la résignée.

— Tu te moques de moi !

Et Guillaume, ouvrant la bourse, la vida sur le lit et se mit à compter son aubaine. Quand il retrouva exactement la même somme que celle qu'il avait remise, deux heures auparavant, à Isaac, il fut d'abord surpris, puis anxieux, puis ravi. Son scepticisme tombait tout à coup devant un pareil miracle.

— Femme, dit-il plus doucement, j'avais peut-être tort de me moquer de toi. Ces superstitions-là ont sans doute un bout de vérité. Retire donc ton second soulier de l'âtre ; j'y vais mettre le mien, afin que si Noël passe une seconde fois, je ne sois pas oublié.

Il le fit comme il l'avait dit ; puis, s'étant remis auprès de sa femme, après avoir bien serré l'argent, il éteignit la lumière, mais se garda bien de se rendormir

Cependant, la position de Tiburce devenait intolérable. La corniche de bois de la maison de

Guillaume, par laquelle il avait espéré descendre dans la rue, était vermoulue. Il lui fallut remonter sur le toit pour ne se pas casser les reins. Un moment, il songea à rentrer dans la maison d'Isaac par la lucarne ; mais, comme il l'avait prévu, les passants étaient en train de s'ameuter devant la maison du juif et de proférer mille menaces contre sa tranquillité.

De plus, la lune avait retiré son loup noir, et son beau front d'argent illuminait la ville tout entière. Que quelqu'un levât les yeux vers le toit, et Tiburce était découvert !

La situation était critique, avouez-le. Elle le devint bien plus encore quand il entendit distinctement l'huis d'Isaac céder sous les coups des assaillants, puis un grand tumulte emplir la maison, sans doute à la vue du juif, couché et bâillonné. La foule montait l'escalier. Quelque malavisé pouvait aller regarder à la lucarne ! Il fallait se cacher à tout prix. J'ai dit que la cheminée de la maison de Guillaume était fort large. Tiburce, affolé, s'y glissa comme dans un étui ; puis, se cramponnant à deux barres de fer qui en maintenaient les briques, il y demeura suspendu, la tête au ras du sommet et les pieds accrochés à deux pierres qui lui permettaient de s'y soutenir.

Mais l'angoisse avait brisé ses forces ; la « male paour », comme dit Rabelais, le tenait au ventre, et, dans la descente, ses chausses s'étant ouvertes, il commença d'exhaler, à travers la cheminée, la plus furieuse colique dont on ait jamais entendu parler dans tout le Blaisois, qui est pourtant un pays de vendanges.

— Noël ! Noël ! cria Guillaume en entendant le vacarme s'abattre dans son âtre. Noël est aussi venu pour moi !

— Mon ami, lui dit angéliquement Isabeau, faites attention, en vous levant, où vous mettez vos pieds, car m'est avis que notre chat a fait quelque vilenie, si j'en juge par l'orde parfum qui me boute au nez.

Mais Guillaume se souciait bien de ce que lui chantait sa femme et de ce qu'avait pu faire le chat ! Ayant allumé la chandelle, il avait couru vers la cheminée et saisi son soulier avec une impatience fébrile. Le soulier, trop vivement pris, déborda, au grand dommage de ses doigts.

Ce fut lui qui poussa de jolis jurons quand il vit le présent que Noël lui envoyait du ciel !

Mais, la colère passée, sa femme lui montra le doigt de dieu dans ce nouveau miracle, et lui fit comprendre que cette vilaine surprise était le juste châtiment de sa longue impiété. Il se convertit et devint homme de bien, sobre, et chaste, ce qui le changea beaucoup. Tiburce fut pendu et la Gertrude mourut jeune, ce que les filles de sa sorte ont de mieux à faire. Isaac, lui, mourut très vieux. Je ne suis pas même bien sûr qu'il soit mort encore, car un homme très âgé m'a offert de l'argent au denier dix, il n'y a pas bien longtemps.

— Voilà, dis-je à Jacques, un joli conte de Noël !

XXXI

LE DERNIER ROMAN DE JACQUES

— Pour le coup, me dit Jacques, voilà bien la dernière femme que j'aimerai !

Je le regardai sans surprise. Nous nous connaissons si bien, Jacques et moi ! Je vous ai dit quelle tendre amitié nous unit depuis l'enfance. Nous sommes nés le même jour et nous nous ressemblons tant en toutes choses que ceux qui nous prennent l'un pour l'autre sont bien excusables, ma foi. Nous réalisons en effet cet admirable axiome de Calino, dont Pascal lui-même eût admiré la concision : *Deux amis n'en font qu'un!*

— Et pourquoi donc, mon cher Jacques, briseriez-vous votre carrière d'amoureux avant l'âge de la retraite ? Avez-vous seulement à faire valoir des infirmités ?

— Je ne réclame pas de pension, bien que je l'eusse fichtrement méritée. Je ne me targue pas de mes années de campagne. Sa dernière blessure met mon cœur hors de service et voilà tout.

— Si ce n'est que ça...

— Comment, si ce n'est que ça ! On voit bien que tu ne sais pas le premier mot de mon aventure.

— En effet. Il a quelque six semaines que personne ne t'a vu. Palmyre, Nelly, Johanna, Christine, Victoria, Lucie, sont toutes venues me demander de tes nouvelles. Toutes m'ont dit la même chose : Ah çà diable ! qu'est-ce que nous lui avons fait ?

— Elles ont tant d'esprit ! Comment, ce qu'elles m'ont fait, les drôlesses ! Mais ce sont elles qui sont cause de mon malheur ! Comment, sur une douzaine qu'elles sont, il ne s'en est pas trouvé une pour m'enfermer quarante-huit heures dans son cabinet de toilette, en me disant : Monsieur est là ! — le jour fatal où je devais rencontrer celle...

— Son nom ?

— Lélia. Pour le reste du monde, Augustine ; mais Lélia pour moi. Elle m'avait donné mes petites entrées dans son acte de naissance.

— C'est déjà ça.

— Et si tu savais ce qu'elle est belle !

— Inutile de me la décrire. Je connais tes goûts.

Un type grec, une tête de bas-relief antique sur un beau cou bien large dont un imperceptible pli ferme la base comme un collier, une gorge vaillante et de sculpturales épaules, le torse bien assis sur de robustes hanches...

— Assez ! assez ! tu me ferais croire que toi aussi...

— Et avec cela, bête comme une oie.

— Ah ! voilà où tu te trompes. Spirituelle comme un ange.

— C'est un luxe que les femmes vraiment belles se payent rarement. Quoi que tu aies souffert, d'ailleurs, cela vaut mieux. Ce qui est irréparable dans le mal que nous font les idiotes, c'est qu'elles auraient pu vous faire du bien sans s'en douter davantage. Toi, au moins, tu peux être certain que tes tortures ont infiniment réjoui ton bourreau. Ne t'est-il pas arrivé quelquefois, la nuit, en rêvassant, de te représenter cette aimable personne, coiffée d'un joli chapeau d'apothicaire, avec de mignonnes lunettes sur le nez, et dosant, dans une balance minuscule, les plaisirs et les peines qu'elle te donnait, tes espérances et tes larmes, le tout avec un sourire charmant de chimiste en train de faire des découvertes ? Allons ! allons ! conte-moi ça. Si ta cruelle a vraiment de l'esprit, ton mal n'est pas sans ressource. Par un beau jour de désœuvrement, elle peut prendre autant de distraction à t'être agréable qu'elle a trouvé de délassement à te martyriser. C'est une affaire de chance et de beau temps.

— Ce que tu me dis là est tellement consolant que je commence.

C'est donc mon ami Jacques qui parle maintenant.

Une des choses qui me ravissaient le plus dans Lélia, c'est, qu'ayant été au théâtre et y ayant eu de fort jolis succès, non pas seulement de femme, mais d'artiste, elle n'aimait que son art et professait d'ailleurs une estime médiocre pour les gens de son métier. Elle se sentait, en effet, supérieure au plus grand nombre de ceux qui l'exercent, plus vraiment instruite et ayant de plus hautes aspirations. Elle rendait justice à ceux qui avaient du talent, mais croyait fermement détester la compagnie de ses camarades. Aussi, bien qu'ado-

rant les planches, était-ce sans enthousiame
qu'elle se décidait à rentrer sur la scène. Il le
fallait cependant, et j'allai trouver pour elle mon
ami Cascarini, qui venait de monter une pièce
nouvelle. Tu connais Cascarini ? Un cœur d'or et
un directeur comme on n'en voit pas ! Il n'a
jamais fait faillite sans mettre publiquement, pour
désintéresser ses pensionnaires de trois pour cent,
sa montre au clou. Il en était quitte pour en acheter une plus belle le lendemain.

Cascarini fit avec empressement ce que je lui
demandais. O Palmyre, ô Nelly, ô Johanna, ô
Christine, ô Victoria, ô Lucie !... si une de vous
avait eu un peu de cœur, c'est dans sa garde-robe
qu'elle m'aurait enfermé ce jour-là, plutôt que de
me laisser faire une telle sottise !

Une fois au théâtre, une femme ne vous appartient plus une seconde. Quand vous la voyez furtivement, au sortir de la répétition, c'est pour
entendre un fragment du « quatrième » ou apprendre le dernier calembour du comique de l'endroit. Généralement, ce calembour est idiot. Vous
hasardez timidement un mot d'amour ; c'est par
une charade du jeune premier qu'on vous répond.
Les trois quarts du temps, la charade est encore

plus idiote que le calembour. Mais tout cela n'était rien.

Un bonheur me restait, ou mieux une quiétude. Lélia m'avait dit cent fois :

— Aimer un comédien ! pouah !

Et cependant elle était devenue rêveuse. Voilà, me disais-je, un rôle qui la préoccupe joliment ! Elle était cependant bien sûre d'y plaire. Un jour elle me pria de ne plus venir la chercher au théâtre. Cela pouvait faire supposer des choses désobligeantes pour elle. Que doit-on penser d'une femme qui est toujours accompagnée par le même monsieur ? Je savais qu'elle avait horreur d'entrer dans un café, et cependant, quand elle rentrait, je surprenais de vagues parfums de vespétro sur ses jolies lèvres. O Palmyre, ô Nelly, ô Johanna, ô Christine, ô Victoria, ô Lucie ! vous aussi vous aimiez le vespétro ; mais au moins vous le buviez franchement ! Vous me faisiez des dettes chez les marchands de vespétro; mais au moins vous me les faisiez en ma compagnie !

Je t'avouerai, continua Jacques, que ce fumet

et un certain bouquet de lilas blanc qui revenait tous les jours me causaient quelque perplexité. Lélia me disait bien que c'était toujours le même, mais je sais malheureusement ce que les fleurs durent: un peu moins que les amours vraies, un peu plus que les fausses. Le plus curieux de mon état et le plus illogique de mon souci, c'est que tu connais mes opinions sur la fidélité et sur la jalousie.

— Elles sont jolies et édifiantes !

— En tout cas, elles sont sensées. Il faut ne s'être jamais aperçu de ce simple fait, qu'en amour, deux êtres différents ne vous donnent jamais la même impression, pour ne se pas rendre compte de ce que la jalousie a d'absurde. Ou la femme que vous aimez est d'une banalité telle que tout le monde lui est tout un, — et alors vous êtes inexcusable de l'aimer, — ou elle aime votre rival d'une tout autre façon qu'elle vous aime vous-même. Dès lors, que vous prend-il et quel tort vous fait-il ? Vous ne pouvez pas vous remplacer l'un et l'autre dans la même plénitude de sentiment. C'est comme si les poireaux cherchaient querelle aux carottes et troublaient, par leurs querelles, la paix d'un honnête pot-au-feu...

— La comparaison est tout à fait galante. Mais achève ton récit.

Enfin le soir de la première représentation était arrivé.

Cascarini, par faveur spéciale, m'avait permis de rester dans les coulisses. L'heure avait sonné au chronomètre magnifique que lui avait valu sa dernière déconfiture et qui était tout enrichi de diamants.

J'étais plus ému, je l'avoue, que Lélia elle-même.

Il y avait surtout un tableau de la pièce qui me faisait frémir. Cascarini, qui savait ce que vaut la belle littérature, y avait fait des débauches de trucs et de mise en scène. Il avait coupé beaucoup de tirades dans la prose des auteurs, et les avait remplacées par des changements à vue et par des métamorphoses tout à fait stupéfiantes. Or, Lélia devait être en scène juste au moment du plus dangereux de ces bouleversements. C'était une tempête au sommet d'un glacier. Un nuage devait venir la prendre et l'enlever, dont le mécanisme avait déjà manqué souvent et failli la précipiter dans le vide. Mais elle, toute rayonnante qu'elle était dans son admirable costume de génie, semblait défier tous les périls et ne se soucier que d'être invinciblement belle. Quand l'instant fatal arriva, je vis qu'elle était mal en place et que l'énorme truc allait la saisir à faux.

J'oubliai tout : je ne pensai qu'à son danger. Je m'élançai comme un fou, je la rejetai brusquement de l'infernale machine, mais j'y fus pris moi-même et, comme une pierre posée sur une catapulte, j'allai retomber meurtri, déchiré, de portant en portant, tandis que le rideau se baissait sous une effroyable malédiction.

Quand je revins à moi, Cascarini faisait dresser par huissier un acte constatant le tort que j'avais causé à la représentation et me demandant cinquante mille francs de dommages-intérêts. Dans un coin, Lélia, assise sur les genoux du jeune premier, pansait avec des baisers une légère égratignure que celui-ci avait reçue sur la joue.

— Maladroit! me dit-elle avec colère, vous avez failli défigurer Gustave en tombant !

Et elle lui faisait boire du véspetro à petites

gorgées, buvant après lui et l'éventant avec une branche de lilas blanc !

Eh bien, qu'en penses-tu de celle-là?

— Je pense, mon pauvre Jacques, que tu as bien envie d'aller lui demander pardon. Si elle a vraiment de l'esprit, c'est ce que tu as de mieux à faire. Une grue s'en amuserait infiniment, mais une fille intelligente peut t'on savoir gré. Les excès d'amour ne sont ridicules que pour les sots.

— Tu as raison, me dit Jacques ; aussi je vais aller demander pardon... à une autre.

XXXII

PROMENADE MATINALE

— Lieutenant Blanc-Minot, voulez-vous me prêter votre cheval ce matin ? Le mien boite affreusement.

— De grand cœur, mon commandant.

Et Blanc-Minot mentait comme un faux prophète, car il était prodigieusement contrarié de prêter son cheval au commandant Laripète. Mais le malheur, pour lui, était qu'il n'avait rien à refuser au commandant Laripète. Durant deux ans, en effet, il avait prodigieusement badiné avec l'honneur conjugal de son supérieur, la commandante étant une femme accorte qui laissait volontiers venir à elle les petits lieutenants. Depuis six mois, il est vrai, l'arrivée d'une nouvelle promotion l'avait libéré du service, mais les hommes de conscience n'oublient pas et, pour eux, le cocu d'hier demeure l'ami de demain. Et puis, on aura beau dire, les ouvriers de la première heure auront toujours été les mieux partagés.

Un singulier homme, d'ailleurs, que ce commandant, et ui était, pour le régiment tout entier, un vivant mystère. Toujours taciturne, fuyant la société de ses compagnons d'armes, parlant bref, répondant sec, interrogeant rarement. On se disait tout bas qu'il n'avait pas d'illusions sur la vertu de sa femme, mais que, l'adorant, il refusait de voir et dévorait silencieusement ses ennuis. D'autres le soupçonnaient d'avoir eu autrefois un amour malheureux et d'être devenu indifférent à toutes choses. Le fait est qu'il y avait un secret dans la vie de cet officier. Ce secret, j'aime autant vous le dire tout de suite : Laripète était un inventeur. Il y avait bien quinze ans qu'il perpétrait, dans son esprit, la confection d'une nouvelle forme de fer à cheval, qui devait donner une incontestable supériorité à notre cavalerie. Comme il n'avait pas envie qu'on se moquât de lui, il n'avait confié ses travaux à personne. Mais, le jour même qui vit cette histoire, le forgeron qu'il avait chargé d'exécuter ses plans devait lui remettre le modèle définitif que le ministère de la guerre adopterait avant soixante ans. Aussi l'anxiété étant grande dans le cerveau de ce penseur solitaire, c'est pour la tromper qu'il avait voulu, dès l'aube, aller faire une grande promenade au hasard et emprunté le coursier de Blanc-Minot, tous ses chevaux à lui étant régulièrement estropiés par ses expériences.

Il allait à l'aventure sur la route poudreuse, abandonnant à l'animal le soin de lui choisir un chemin, laissant la bride flotter au cou de sa bête. Celle-ci, d'ailleurs, paraissait connaître à merveille le but que le commandant ignorait. Sans hésitation, sans incertitude, elle trottait droit devant elle, jusqu'à ce qu'elle tourna derrière un bouquet d'arbres, et se mit à piaffer joyeusement devant une maison de campagne. Une persienne s'entr'ouvrit. L'étonnement de Laripète, subitement réveillé de sa méditation, fut à son comble, quand le cheval se dressa contre le mur, sans qu'il eût besoin de lui toucher, pour cela, les flancs de l'éperon. Machinalement, le commandant tendit la main en avant. Un billet y tomba, puis la persienne se referma, et, après avoir attendu un instant, comme si un morceau de sucre payait ordinairement ses complaisances, le docile coursier retomba gracieusement sur ses pieds de devant et, secouant sa tête tout enguirlandée de volubilis, reprit d'un pas égal le chemin du quartier.

— Voilà un animal qui fait ce manège-là tous les jours, pensa Laripète, qui n'était pas, au fond, beaucoup plus bête qu'un autre. Ce sacré Blanc-Minot ! Quand on pense qu'il passait pour faire la cour à ma femme !

Alors, en homme bien élevé, qui sait d'ailleurs à merveille que la lettre qu'il porte n'est pas pour lui, le commandant serra précieusement le billet dans sa ceinture, sans en avoir même regardé l'écriture, ou flairé le parfum. Puis il se remit à penser à sa satanée invention, jusqu'au moment où son guide le déposa devant l'écurie.

Un instant après, sans avoir dit un mot à personne, Laripète, en personne, était monté jusqu'à la chambre de Blanc-Minot, alors absent, et avait posé le mystérieux papier sur la table. Puis, sans rien ajouter, il était redescendu dans la cour, plus sombre et plus rêveur que jamais.

— Mistouflet, qui a déposé cette lettre sur mon bureau ?

— Le commandant Laripète.

— Et il n'a rien dit de plus ?

— Rien absolument.

— Après avoir interrogé dans ces termes son ordonnance, Blanc-Minot déchira l'enveloppe et lut ceci avec quelque stupéfaction :

« Monsieur, vous êtes un drôle et un polisson, mais moi je ne suis pas un Cassandre. J'ai tout découvert. Prenez donc garde à vous ! »

Et c'était tout.

— Ainsi, pensa Blanc-Minot, c'est encore une fois la même chose et ce Laripète est comme tous les autres. Tant que je l'ai offensé à la journée, il n'a rien vu, rien entendu, rien compris. Mais maintenant qu'il n'a plus rien à me reprocher depuis un siècle, il commence à se fâcher. C'est la loi...

Et Blanc-Minot, qui avait des prétentions littéraires et écrivait, depuis trois ans, un grand ouvrage intitulé : *Du choix d'un cocu ou petit ma-*

nuel du célibataire, ajouta quelques notes en marge de son manuscrit.

Puis il se mit à réfléchir aux termes singulièrement menaçants de cette épitre. Si Laripète savait tout, pourquoi ne lui demandait-il pas raison ? Cet homme froid et sinistre méditait, sans doute, quelque épouvantable vengeance. Le secret de son caractère, on allait le découvrir dans quelque terrible événement.

Et, bien que brave comme une épée, le lieutenant se sentit plein d'angoisse. Comment prévenir la pauvre femme qu'allait, sans doute, atteindre le même coup ? Puis Blanc-Minot se prit à penser à sa fiancée, la charmante Olympe Collichon, fille de M. Collichon, ancien notaire à Champignol, laquelle pauvre petite Olympe, grâce à la fantaisie équestre du commandant, l'avait attendu, le matin même, inutilement derrière sa persienne en fleurs. Car, en attendant qu'il fût présenté à son tabellion de père, il lui faisait une de ces cours romanesques qui amusent tant les jeunes filles.

Et cet excellent Blanc-Minot avait des larmes dans les yeux, en pensant que tout le bonheur rêvé allait sans doute être fauché dans sa printanière floraison par la jalousie tardive du commandant Laripète.

Cependant l'heure du déjeuner était venue et il ne fallait pas avoir l'air de se dérober. Le lieutenant boucla son ceinturon et se rendit à la table d'hôte où, à des places hiérarchiquement disposées, mangeaient les officiers du régiment. Le premier qu'il rencontra fut le commandant, qui parut à peine le voir, tant il semblait absorbé dans quelque méditation féroce. Pendant le repas, Blanc-Minot l'observa et fut épouvanté de la nervosité de ses moindres gestes. La façon violente dont il découpa un canard le fit trembler particulièrement.

Ce fut ainsi jusqu'au dessert, qui, heureusement, vint vite.

Tout à coup, le commandant se leva et marcha droit à lui :

— Lieutenant, lui dit-il d'une voix plus brève encore que de coutume et plus saccadée, une gracieuseté en vaut une autre !

— Mais je ne suis pas encore marié, pensa tristement Blanc-Minot.

— Donc, je vous invite à venir prendre le café chez moi, avec la commandante.

Blanc-Minot sentit une sueur froide lui baigner le visage. Plus de doute ! cet homme méditait une vengeance à la Borgia !

Et il le suivit, en se disant qu'il pourrait, du moins, peut-être sauver sa femme.

Pauvre madame Laripète ! Comme elle ne se doutait de rien ! Jamais elle n'avait été plus souriante. C'est avec d'aimables reproches qu'elle reçut Blanc-Minot.

— Ingrat ! lui dit-elle tout bas.

— Taisez-vous ! malheureuse ! lui répondit celui-ci sur le même ton.

Cependant le capitaine avait fait servir les tasses.

Blanc-Minot remarqua qu'il n'y en avait que deux ! Le doute n'était plus permis.

— Tu ne prends pas de café, Achille ? demanda la commandante à son mari.

— Non, répondit sèchement celui-ci. Je préfère un petit verre.

On apporta la cafetière et ce fut lui-même, le commandant, qui versa lentement le moka... la mort sans doute, dans les deux jolies tasses de vieux Sèvres.

— De grâce, ne buvez pas, il sait tout! dit d'une voix étranglée et sourde Blanc-Minot à Mme Laripète.

— Ah! mon Dieu! fit-elle en pâlissant.

Fort heureusnment pour eux, l'ordonnance du commandant vint chercher mystérieusement celui-ci, qui disparut sur la pointe du pied.

— Qui vous l'a dit?

— Il me l'a écrit.

— Alors c'est un guet-apens!..

— C'est une vengeance infernale!

Et leurs mains tremblaient en posant les tasses fumantes sur le guéridon.

Un immense cri de joie ou de douleur retentit dans l'antichambre. Quelque chose comme un ricanement de damné.

En même temps le commandant se rua dans le salon; il élevait au-dessus de sa tête un demi-cercle en acier qu'il tenait par le milieu et qui encadrait son front de deux pointes positivement pareilles à deux cornes. C'était un satanique raffinement! Les coupables baissèrent la tête.

— *Eurêka ! Eurêka !* criait-il. Embrassez-moi, mes enfants, j'ai trouvé !

— Je ne m'appelle pas Eurêka, lui dit sévèrement sa femme.

— Trouvé quoi ? hasarda le lieutenant.

— Mon nouveau fer à cheval, ma gloire, le but de vingt ans de travaux et de recherches.

Et il se mit à leur montrer l'objet avec une complaisance enfantine. On sentait que ce génie longtemps opprimé rouvrait enfin librement ses ailes. Il était si content qu'il but coup sur coup les deux tasses de café !

Puis, soudain, familier, charmant, il tapa sur le ventre de Blanc-Minot :

— Farceur ! lui-il.

Et il ajouta à sa femme :

— Je te conterai cela !

Une heure après, le lieutenant sortait, sain et sauf, mais positivement absurdi.

Il trouva chez lui le mot de l'énigme, fort heureusement pour sa raison.

C'était une nouvelle lettre, bien courte, mais

bien douce à son cœur, et que je copie textuellement :

« Mon bien-aimé, quelle affreuse surprise vous avez dû avoir ce matin ! Mon père s'était aperçu de tout. Il m'avait enfermée dans ma chambre et avait résolu de vous écrire à ma place. Que vous a-t-il écrit ? je n'en sais rien ! Mais il est bien en colère ! Je lui ai dit tantôt que c'est ma main que vous recherchiez. Cela l'a calmé un peu. Il prendra demain des renseignements sur votre famille. Mais, quels qu'ils soient, je n'aimerai jamais que vous et ne serai jamais que votre femme.

» Olympe Collichon. »

Et une petite branche de clématite était tombée de l'enveloppe. Blanc-Minot la ramassa et la baisa mille fois.

Ces petits riens charmants-là, ajouta Jacques, sont encore ce qu'il y a de mieux dans la vie !

XXXIII

LES OEUFS DE M. LE VICOMTE

Mon ami, le vicomte de La Roche-Quina a quarante ans, une jeune femme et une vieille maîtresse. Quand je vous aurai dit cela, vous croirez le connaître aussi bien que moi. Rien de particulier, d'ailleurs, le vicomte, sinon qu'il est quelquefois distrait ; une figure agréable, de bonnes façons, des goûts futiles, et, comme Méphistophélès :

>..... En somme
>Un bon gentilhomme !

Il est marié depuis moins d'un an, et traite Mme la vicomtesse en homme qui sait que le mariage n'est pas une partie de plaisir. Il lui donne du *vous* et du *madame* à glacer l'eau dans les carafes en pleine canicule. Son affection est tout respect et sa galanterie est un culte. Quelle tenue dans le ménage ! — Chez Marguerite, sa maîtresse, mon ami, qui a un fond d'humeur folâtre, prend sa revanche. Voilà quelque quinze ans qu'il connaît Marguerite ; il a mangé beaucoup d'argent pour elle, et sitôt qu'il a franchi son seuil, il redevient le joyeux garçon d'avant la noce, bon vivant, parlant salé et impertinent un tantinet. Vous voyez d'ici cette vie en partie double avec son ennui légitime et ses enivrement irréguliers. Il y en a beaucoup de pareilles. Il y en a maintenant une de moins ; car vous allez voir comment tout cela vient de changer pour M. le vicomte.

Inutile de vous dire qu'un homme taillé sur ce patron est l'esclave de la mode. J'ajouterai, à son éloge, que La Roche-Quina est généreux. Aussi ne manque-t-il aucune de ces fêtes dispendieuses que la cupidité féminine multiplie sur le chemin du calendrier. Fête patronale, anniversaire, petit Noël, étrennes, œufs de Pâques, toutes ces carottes lui sont sacrées. Et voilà pourquoi, il y a deux jours, mon ami achetait deux œufs magnifiques dans un des plus somptueux magasins de balivernes. L'un était pour la comtesse, l'autre pour Marguerite, vous l'avez deviné déjà.

Tout avait été d'ailleurs combiné dans leur choix, et le vicomte réfléchissait déjà depuis une semaine sur ce grave sujet. Celui de sa femme représenterait une scène de piété : une bonne religieuse montrant à un vieux soldat le chemin de l'église, avec un chien qui faisait le savant dans l'espoir insensé d'y accompagner son maître. Celui de sa maîtresse aurait pu être décoré par Chaplin. Des amours en guirlande volaient autour, effeuillant des fleurs de leurs pieds.

Il avait fallu les remplir, et, pour cette cause, M. le vicomte avait mûrement réfléchi. Dans le premier il avait insinué une parure sévère, mais de grand prix, dans laquelle des pierres sombres s'enlaçaient dans des nœuds d'or mat. Pour le second, il l'avait tout simplement truffé de billets de banque. Comme il n'avait osé effectuer chez lui cette opération délicate, il avait emprunté, pour l'accomplir, le buen-retiro de son camarade d'enfance, le baron de Castel-Ricin, et c'est là aussi qu'il avait rédigé, dans le silence, les deux épitres qui devaient accompagner ses présents.

Voici la première :

« Chère madame, acceptez ce bien modeste souvenir. De tels cadeaux ont leur sens plus grand que leur valeur même. Celui-ci vous dira combien je suis heureux du nœud éternel qui nous lie. Je le dépose à vos pieds avec tout le respect de ma tendresse. »

Suivait une signature calligraphiée et destinée certainement à des archives de famille.

Voici la seconde !

« Ma louloute chérie, encore pour toi ! Amuse-toi bien, ma petite... ou plutôt amusons-nous bien. Sous chacun de ces chiffons il y a un gros baiser pour tes jolis petons. Quelle bonne soirée nous allons passer ! Nous ferons mille folies.

» Ton Adolphe, qui t'adore. »

M. de La Roche-Quina venait de glisser ces deux poulets dans leur coque respective, quand le baron entra. Il admira beaucoup les œufs, les retourna entre ses gants et les rendit à son ami, qui écrivit les deux adresses.

— Je vais te les faire porter à destination, dit-il.

Puis il sonna et les remit à un domestique.

Et nos deux preux sortirent, un instant après, un cigare aux lèvres, et devisant joyeusement.

Ils n'étaient pas depuis dix minutes sur le boulevard que La Roche-Quina se frappa le front, en s'écriant :

— Ah ! mon Dieu !

— Qu'as-tu ? lui demanda l'excellent Castel-Ricin.

— Quel œuf as-tu remis à ma droite ?

— Ma foi, je n'en sais rien.

— Ah ! malheureux ! sais-tu ce que tu viens peut-être de me faire faire ?... eh bien ! je crois que j'ai envoyé l'œuf de Marguerite à ma femme, et à Marguerite l'œuf de la vicomtesse.

— Palsambleu ! mon pauvre garçon, ce serait du joli !

— Ce serait tout simplement à se brûler la cervelle !

Et le pauvre vicomte arpentait le trottoir silencieusement, avec des gestes fous.

— Quand dois-tu les revoir l'une et l'autre? demanda le baron.

— Je dîne à sept heures avec Marguerite; et ma femme, qui me croit au cercle, m'attendra vers onze heures.

— Cela vaut mieux ainsi. Chez Marguerite même tu seras fixé et tu pourras te préparer au plus grave des assauts, celui qui t'attend chez toi.

— Ah ! mon pauvre ami ! quelle aventure !

Le reste de la promenade fut lugubre. Le vicomte attendait sept heures avec anxiété.

Quand il entra chez Marguerite, celle-ci sauta à son cou !

— Que tu es bon, lui dit-elle.

— Ah ! murmura tout bas mon ami, elle a reçu l'argent !

Jamais Marguerite n'avait été plus charmante.

— Il paraît qu'elle en avait bien besoin ! pensa alors La Roche-Quina.

Un trouble lui restait cependant. Il espérait qu'elle lui montrerait, dans un coin du salon, sur une étagère d'honneur, son dernier cadeau. Il le cherchait des yeux.

— Il n'est pas là, lui dit-elle. Je l'ai trouvé si

beau que je l'ai envoyé tout de suite chez mon bijoutier pour lui faire faire un étui. Mais tu le verras demain.

Demain ! il serait bien temps !

Comment interroger ?

— Tu as trouvé jolie la petite peinture qui est dessus ?

— Ravissante ! quel goût tu as ! .

Et ce fut tout. Ce n'était pas assez !

Pendant tout le dîner le vicomte éprouva je ne sais quelle vague inquiétude,

J'ai des habitudes de discrétion qui ne me permettent pas de suivre les deux amants au sortir de la salle à manger.

Je retrouverai le vicomte à la sortie de l'hôtel de Marguerite. Elle l'a accompagné jusqu'à la porte, et voici les derniers mots qu'elle lui laisse pour adieu :

— Oui ! merci, mon Adolphe... tu as enfin compris que je n'étais pas une femme comme les autres et que le nœud qui nous unit ne saurait jamais se briser. Ton respect m'a refait une innocence ; tout devient sérieux dans notre amour. Une nouvelle vie commence pour nous. Tiens, j'ai une faveur à te demander : tu me mèneras à la messe demain, et de là nous irons porter des fleurs à la tombe de ma mère !

— Nous irons ! dit La Roche-Quina avec une conviction douloureuse.

Et quand il eut refermé la porte :

— Fichu ! grommela-t-il, en tenant ses poings dans ses poches. Ma femme va demander sa séparation demain.

Pas si fichu que cela, vicomte !

Il est onze heures et demie. Vous n'avez pas mis votre doigt sur le bouton du timbre, qu'on vous ouvre avec plus d'empressement encore que de coutume. A peine êtes-vous au premier, que l'entrée paraît ruisselante de lumière. On vous attend. Il faut entrer, coûte que coûte. Des fleurs dans le petit salon ! Vous n'êtes pas encore dans la chambre, qu'une femme charmante, dans un déshabillé délicieux, vous enlace de ses bras à demi nus.

—Que vous êtes bon ! vous dit-elle.

La Roche-Quina jeta autour de lui un regard éperdu. C'était bien sa femme, sa propre femme qui l'accablait de caresses, et, sur un adorable petit meuble de boule, l'œuf de Pâques se prélassait tout couvert de petits amours qui semblaient sourire dans la lumière. Le doute n'était plus permis.

Je ne suis pas moins discret vis-à-vis des amours légitimes qu'à l'endroit des liaisons passagères. Je ne veux rien savoir de ce qui suivit cet accueil inattendu. Je n'ai voulu que recueillir ces mots de la vicomtesse, prononcés quelques heures plus tard, dans l'abandon qui suit les heures fortunées.

— Oui, merci, mon Adolphe... Tu as enfin compris que je n'étais pas une mijaurée comme ces poupées qui ne savent rien de la vie, et que je serais morte si tu n'étais devenu pour moi moins un mari qu'un amant.., appelle-moi encore ta Louloute chérie ! Que ça me fait de bien ! Nous irons manger, n'est-ce pas, des fritures à Bougival, comme les cocotes ? Sais-tu ce que j'ai fait de ton argent ?... J'en ai donné la moitié aux pauvres et, avec le reste, j'ai acheté une amazone. Nous irons au Bois le matin... C'est très chic... n'est-ce pas, ma vieille branche ? et nous souperons au café Anglais tous les soirs...

— Nous irons, dit La Roche-Quina avec une résignation comique.

Et voilà comment, maintenant, un monsieur fort bien sort, toutes les nuits, vers quatre heures, des restaurants à la mode, une femme élégante au bras, et toute nonchalante des plus aimables fatigues.

C'est un mari qui s'ennuie en ménage.

Et voilà comment encore le même monsieur, toujours fort bien, accompagne, tous les matins, à huit heures, une dame sur le retour à Saint-Roch et lui paie majestueusement sa chaise.

C'est un amant qui se divertit avec sa maîtresse.

Oui, mes enfants, voilà ce que les œufs de Pâques de cette année ont fait.

Aussi, je n'en offrirai à personne, ajouta Jacques, en façon de commentaire.

XXXIV

UNE DISTRACTION

J'ai rencontré mon ami Jacques sur les boulevards, hier soir, vers dix heures. Il avait positivement l'air rayonnant.

— Bravo ! lui dis-je. Tu es donc guéri ?

— Si je suis guéri ! J'ai si complètement chassé Lélia de ma pensée qu'hier j'ai passé onze fois devant sa porte sans avoir une seule fois la tentation d'aller y frapper.

— Voilà, en effet, la preuve d'une fameuse indifférence. Mais, dis donc, si elle t'avait vu, de sa fenêtre, te livrer à cet exercice digestif, ne penses-tu pas qu'elle aurait eu envie de rire ?

— Oh ! je savais qu'elle était sortie ! Il n'y avait pas de lumière derrière les rideaux.

— Alors tu as été vraiment héroïque ! Ne pas aller voir une personne qui n'est pas chez elle ! On a décoré des messieurs qui n'avaient pas montré autant de courage !

— Je n'y avais seulement pas réfléchi. Non ! tu ne saurais croire combien je me sens libre, heureux et fier de moi-même ! D'abord, j'avais pris le bon moyen pour l'oublier. Je m'étais rappelé le vieux proverbe qui dit qu'un clou chasse l'autre.

— Il n'est pas vrai pour tout le monde. Ainsi, chez moi, les clous ne se chassent pas ; ils se juxtaposent comme sur les semelles des souliers d'Auvergnat. Tout ce que je puis espérer, c'est que mon cœur ne soit plus bientôt qu'un gros paquet de têtes de clous à l'épreuve des balles elles-mêmes. Et encore ! Les clous eux-mêmes s'usent, et les Auvergnats font quelquefois ressemeler leur souliers.

— Eh bien ! chez moi, les choses ne se passent pas de même, et j'ai tout simplement exproprié mon ancien amour en vendant le terrain à un autre.

— Mais es-tu sûr que l'autre te payera ton terrain ?

— J'aurais pu toucher des arrhes tout de suite.

— Tu as peut-être eu tort de ne pas le faire. Mais conte-moi ça.

C'est mon ami Jacques qui parle maintenant.

J'ai commencé, me dit-il, par les demi-mesures. Le vrai remède, suivant un philosophe de mes amis, consiste à découvrir une personne ressemblant aussi exactement que possible à celle dont on ne peut chasser l'image sans briser quelque chose en soi. Ce genre de recherches n'est pas aussi difficile qu'on l'imagine, surtout dans une ville aussi grande que Paris. Le nombre des types de femmes méritant d'être distingués d'un homme d'éducation et de goût est fort restreint. La race a des lignes inexorables. Pour tout ce qui est bâtard et mâtiné, nous n'en parlerons seulement pas. C'est affaire aux petites gens qui ne sont préoccupés que de reproduire. Car vous remarquerez, — et ce n'est pas un bien, — que les femmes bourgeoisement laides sont les plus fécondes. Les femmes absolument belles sont, le plus souvent, stériles, comme si la nature renonçait à en tirer rien d'aussi parfait qu'elles-mêmes. Mais nous recauserons de cela une autre fois. J'essayai du remède de mon ami le philosophe et je le proclame le plus détestable du monde. D'abord c'est bien assez de passer une moitié de sa vie à mentir aux autres sans consacrer l'autre à se mentir à soi-même ! Le procédé est très spécieux, j'en conviens. Par une série de transitions douces et sans secousse aucune, on dégrade son idéal. Fi ! quelle lâcheté ! J'y ai renoncé bien vite... J'ai pris le taureau... non, je me suis pris moi-même par les cornes et je me suis traîné, comme à l'autel, devant une image nouvelle, n'ayant rien des traits de l'ancienne idole. Appelle-moi renégat si tu veux, mais j'ai changé de religion. J'ai apostasié à ma propre face. J'ai déserté le temple de la Beauté brune et me voici aux pieds de la Beauté blonde. Il y a moins loin que cela du Capitole à la roche Tarpéienne !

— Et qui t'ouvrit la chapelle où tu fais maintenant tes dévotions ?

— Le hasard, comme presque toujours. J'étais allé passer l'après-midi au Jardin d'Acclimatation. On y annonce de petits monstres venus du pays des neiges, et il est toujours agréable de voir des hommes plus laids que soi. Avant d'avoir réalisé ce rêve, je m'étais arrêté devant des oiseaux en liberté qui battent inutilement l'air froid de leurs ailes mutilées.

Un savant suisse était en train d'expliquer à une vieille dame comment c'étaient les cigognes qui avaient inventé les lavements...

— Par exemple !

— Oui, mon cher, il paraît que c'est ainsi, et voici, d'après cet érudit, comment les choses se seraient passées. Une cigogne, voyant sa camarade souffrante et le ventre gonflé, eut l'idée d'aller remplir son long bec d'eau, puis de l'insinuer sous les plumes postérieures de la pauvre bête, en y soufflant le liquide avec précaution. L'animal malade fut presque immédiatement soulagé. Un médecin athénien qui passait par là, sur sa mule, fut très frappé de cette guérison. Justement il allait voir un malade qui se mourait littéralement d'une constipation obstinée. Se gonfler les joues d'une demi-carafe, et recommencer sur son client l'expérience de la cigogne, fut pour cet homme dévoué l'affaire d'un instant. Seulement, par ce procédé élémentaire, il lui poussa dans le ventre autant d'air que d'eau, en sorte que la délivrance de ce malheureux s'accomplit avec un vacarme qui fit croire à une révolution. Les Archontes descendirent dans la rue, mais remontèrent bien vite chez eux, en se bouchant le nez. N'importe ! la première seringue était inventée. Au dire des connaisseurs, c'est encore la plus onctueuse, et les sublimes inventions du docteur Eguisier lui-même ne l'ont pas égalée.

— Si j'osais te proposer...

— Merci, j'ai mal aux dents et ne puis supporter d'eau dans la bouche. Je reprends, d'ailleurs, mon récit. Tout le monde écoutait le savant suisse avec un recueillement narquois. Seule, une jeune femme ne prenait même pas la peine d'étouffer ses rires. Elle avait de si jolies dents à montrer ! Je m'en sentis mordu tout de suite. Le reste était à l'avenant ; et si différente de l'autre ! Une chevelure d'un blond ardent qui avait des lumières de cuivre aux parties lisses et des tortillements de flamme aux boucles insoumises. Des yeux bleus aussi, mais non plus de ce bleu sombre qui se creusait en abîme sous mon regard ; des yeux d'un azur pâle avec des paillettes d'or comme dans ceux des chats ; la bouche guère plus grande, mais plus charnue, avec un beau retroussis de chair vive formant arc à la lèvre supérieure ; de taille plus haute et les jambes allongées en amphore, comme dans les femmes du Primatice. Bref, une superbe créature et portant en elle tous les éléments d'un renouveau.

Je te fais grâce des banalités que nous échangeâmes en nous regardant en dessous, comme deux ennemis qui en vont venir aux mains, en attendant mieux. Un instant après la conférence clystérale du savant suisse, nous cheminions dans une allée plus déserte, côte à côte d'abord, puis, bientôt, le bras sous le bras. Je me gardai bien de lui dire l'état de mon esprit et ce que j'attendais d'elle. Car je ne sais pas de langage plus malhonnête à tenir à une femme que celui-ci : « Madame, j'ai dans le cœur un vieil amour qui l'encombre et je vous serais fort obligé de l'en balayer. » Mais les femmes ne sentent pas aussi vivement que les hommes combien ce genre de discours est injurieux, comme elles ne se doutent guère du mal qu'elles nous font quand elles nous jurent qu'elles nous reviennent « par raison ». Pourquoi pas tout de suite : « Par autorité de justice ! » Enfin !... Ma compagne, dis-je, n'eut pas les mêmes scrupules que moi, et je sus bientôt que j'étais destiné à vider de son cœur l'image d'un certain infidèle qui avait déposé pas mal d'incongruités dans son existence. J'aurais été plus flatté d'avoir à lui faire oublier un personnage plus sympathique. — Vous n'aurez pas grand'-peine à vous faire aimer, car je n'ai pas eu de chance jusqu'ici ! ajouta cette délicieuse personne. — Hein ! comme c'est gracieux ! Autant vous dire tout de suite : Votre prédécesseur était si déplaisant, qu'en étant simplement insupportable, vous ne lui iriez pas à la cheville. Mais passons ! O les belles dents ! ô les beaux cheveux ! ô les yeux charmants ! La femme est quelquefois un fleuve de bêtise, mais qui coule sous des roses.

Elle m'en raconta de jolies sur l'inconstant ! Et moi, pour ne pas l'écouter, je bourrais les lamas et les kangourous de pains de son, et je fis aux singes une distribution de noisettes qui leur fit croire qu'ils étaient au 14 Juillet, ce qui les réchauffa tout de suite. Pauvres singes ! Il y en avait là, sans doute, aussi, qui demandaient à des guenons à fesses pelées l'oubli des guenons à fesses velues.

O ! la délicieuse journée !

— Mais, au fait, hasardai-je, puisque c'est aujourd'hui que tout cela s'est passé, comment es-tu seul à cette heure qui me paraît devoir être celle du berger ?

— Écoute-moi donc jusqu'au bout. Inutile de te dire que nous fîmes le projet de ne plus nous quitter d'une minute, et, pour commencer, nous allâmes dîner ensemble. Je laissai, suivant mon habitude, ma nouvelle amie faire le menu du repas. Elle s'en acquitta avec goût et réserve, ayant l'air de choisir les plats qui ne me rappelleraient aucun souvenir... sauf un cependant : les cailles à la bonne femme. Mais, enfin, elle ne savait pas ! Notre dînette fut vraiment charmante. Rien n'y manqua des petites malpropretés qui font des amoureux un sujet de dégoût pour tous leurs voisins. On mordit à deux aux mêmes crevettes, on communia avec des boulettes de pain trempées dans les sauces; on but dans le même verre en cherchant la place que des lèvres avaient déjà marquée. O enfantillages de l'amour ! Comme les soupeuses ont raison de rayer les glaces des cabinets particuliers avec leurs bagues, pour nous empêcher de nous voir nous-mêmes dans ces stupides occupations ! Puérilités divines sous les grands bois, en pleine nature, devant le grand soleil qui brûle les fausses pudeurs en même temps que les grandes herbes, que vous devenez grotesques dans le décor banal des faux plaisirs parisiens !...

Nous en étions aux fameuses cailles à la bonne femme.

Au moment où ma délicieuse amie faisait craquer la cervelle de la petite bête entre ses dents, mon enthousiasme amoureux devint tel que je me jetai à ses pieds :

— Ah ! ma chère Lélia, m'écriai-je.

— Comment ! elle s'appelle aussi Lélia ?

— Non, mon ami ; elle se nomme Alexandrine.

— Eh bien, elle a dû faire une jolie grimace.

—Elle ! pas du tout. Elle mit, sans me regarder, ses beaux bras blancs autour de mon cou et soupira :

— O mon Hippolyte !...

Tu sais que je m'appelle Jacques. Hippolyte ! le nom de mon rival heureux auprès de Lélia ! Ce fut un trait de lumière. Nous faisions la paire d'abandonnés.

Et ces deux grands débris se consolaient entre eux !

Je ne te cacherai pas qu'après cette double distraction, la conversation languit un peu entre nous, pendant le dessert. Je pensai qu'il était bon que vingt-quatre heures passassent dessus avant d'aller plus loin. Aussi avons-nous pris rendez-vous pour demain soir. Je crois qu'elle n'y viendra pas et je ne compte pas y aller non plus.

Et Jacques ajouta, en se frottant les mains à faire du feu avec :

— C'est égal, comme c'est bon d'oublier !

XXXV

LES FARCES DE LA LUNE

PETITS POÈMES EN PROSE DE L'AMI JACQUES

Le suprême bourdonnement des éphémères s'est éteint dans la poussière d'or du couchant.

Le bord du ciel occidental, de rouge qu'il était, est soudain devenu rose pâle, et l'azur du zénith a pris tout à coup une teinte si foncée que le ciel a l'air d'une grande coupe de lapis sombre renversée sur nos têtes et où perlent les dernières gouttes d'un vin de flamme.

Les grands bois, amoncelant leurs masses opaques sur la colline, semblent un troupeau couché de béliers noirs que veille un invisible berger : le Silence.

Au-dessus des rivières qu'on dirait semées de diamants, le feuillage délicat et comme transparent des peupliers suspend des lambeaux de dentelle.

Mais voici que, sous les roseaux, le crapaud, ce bourgeois des marécages, fait claquer sa langue sonore, dont la note cristalline est celle d'un verre que choquerait le couteau impatient d'un dîneur mal élevé, demandant son dessert.

Et aussitôt, comme un large fromage du brie le plus pur et le moins entamé, la lune monte à l'horizon, apportée par de mystérieux garçons dont les tabliers seuls apparaissent dans un frissonnement de petits nuages blancs.

Or, pendant ce temps-là, dans la chambre la mieux cachée de la vieille tour qui dessine sur le firmament un profil de dent ébréchée, le vieil huissier Pingrim, riche de plusieurs millions de protêts, fait sa caisse avec une volupté féroce. Il n'a pas allumé de flambeau pour être plus tranquille, et compte, avec ses doigts crochus, dans l'obscurité de la nuit tombante, tous les beaux louis d'or d'un sac qu'il a vidé sans bruit sur une table de bois crasseux. Il a recommencé trois fois et toujours trouvé le même nombre de pièces. Il va donc les remettre dans leur bourse de toile grise quand, soudain, un louis qu'il n'avait pas vu apparaît sur le bout de la table, un charmant louis d'or jaune, à l'empreinte presque effacée ! Pingrim pousse un cri de joie ! Il a reçu vingt francs en trop dans sa journée ! Vite une lampe ! Il fait clair maintenant dans la chambre, et Pingrim cherche. Il cherche la nuit entière ; il cherche encore le lendemain. Il cherche quarante-huit heures durant, sans pouvoir s'arracher à cette besogne, nettoyant avec ses ongles les fentes poudreuses du parquet, soufflant dans tous les coins de la chambre qu'il parcourt à quatre pattes comme une bête affolée, si bien que, deux jours après, on le trouva mort de faim et de fatigue auprès de son sac toujours ouvert.

C'était cette gredine de lune montante dont un rayon, filtrant entre deux pierres de la muraille, était venue jouer ce petit tour lumineux et menteur sur la table du pauvre huissier.

Le sale gueux ! le diable ait son âme !

La grande allée de sable du parc est comme couverte d'un brocart d'or et d'argent que borde une double bande de mousse où les lucioles ont posé de vivantes pierreries. Çà et là l'ombre des grands arbres coupe obliquement cette magnifique étoffe de lumière. Sur cet admirable tapis marche, à pas lents, le triomphant bonheur de deux âmes éprises : du beau capitaine Izolin et de la plus belle comtesse Gudule. C'est plaisir de les voir cheminer, sous l'œil attendri des étoiles, mêlant leurs tailles altières dans un enlacement de lianes. Mille encens variés, pénétrants et discrets, montent, pour eux, des gazons voisins, et les petites clochettes blanches des jasmins s'agitent autour d'eux, comme pour leur sonner la silencieuse messe de l'amour. M'est avis que ces deux dévots-là ne seront pas en retard à l'office.

Or, pendant ce temps-là, dans son superbe lit de chêne aux colonnes tordues, sous ses rideaux de tapisserie flamande, monsieur le comte, qui se couche de bonne heure, est en proie à un cauchemar vraiment singulier. Il rêve qu'un génie méchant l'a tout à coup changé en satyre. Il sent se durcir ses pieds en sabots fourchus ; une petite houppe de poils lui caresse le bas des reins avec un insupportable frétillement ; il lui semble que la barbe hirsute d'un bouc s'allonge à son menton et que deux cornes lourdement nouées se tordent à son front. Il s'éveille enfin et, tout inquiet encore, il court devant son miroir de Venise, pour s'assurer qu'il est toujours semblable à lui-même. Justement sa fenêtre est restée, par mégarde, ouverte, et une belle clarté nocturne emplit la chambre de son argent fluide. Le comte éclate de rire. Rien n'est changé dans son auguste face, mais le croissant de la lune, qui se reflète aussi dans le miroir, encadre sa tête de la plus amusante façon.

— Et dire que l'air du soir me fait toujours ça !

Il a fermé sa croisée, tiré ses rideaux et repris son somme.

Bonsoir, vieux cornard !

Un chemin désert, inégal, rude aux pieds, dans un pays triste, sous une nuit d'automne. Quelques arbres rabougris seulement dont un méchant vent fait tinter les feuilles rouillées, avec un bruit lointain de ferraille. Une rumeur de charivari dans ce morne paysage. On y entend l'hiver aux mains branlantes détacher maladroitement, de sa vieille panoplie, les frimas coupants, les bises aiguës, toutes ses armes surannées et toujours redoutables.

Dans ce décor désolé, un homme court comme

un fou, secouant autour de lui une buée de sueur, haletant si fort que les forges arrêtent leurs soufflets sur son passage pour lui demander le *la*, — tête nue et pieds saignants, avec les lambeaux d'une jaquette de Dussautoy sur les reins. C'est le petit banquier Cœur-de-Lièvre, qui a perdu l'argent de ses clients et manqué le train de Bruxelles. Il gagne la frontière comme il peut. Ce sera toujours ça de rattrapé.

Croiriez-vous que cet imbécile a des remords ! Il en est à son premier pouf, et ne se doute pas à quel point il vient de consolider son crédit. Il se croit poursuivi par une infinité de domestiques sans emploi et autres meurt-de-faim qui lui réclament leurs économies ! Des concierges le maudissent et des garçons de musée le bombardent d'anathèmes. Un cocher de fiacre a juré de l'attacher à sa voiture, et un garçon charcutier d'en faire du petit-salé. Tout à coup il pousse un cri. Il lui semble que des sergents de ville lui ont jeté un lasso et lui mettent sous le nez leur petite lanterne sourde et aveuglante.., Allons donc ! C'est la méchante lune qui vient de sortir subitement de derrière un gros nuage, tandis que les pieds du fuyard s'embarrassaient dans une ronce épineuse.

A bout de forces, il tombe et s'endort.

Comme le comte, il rêve, mais le songe qu'il fait est tout différent : il a trouvé un ballon en partance, et se sauve à travers l'azur. Les dernières clameurs de la Bourse se sont éteintes ; les imprécations de ses victimes ne montent plus jusqu'à lui. Il a pénétré dans le monde des astres et est au mieux avec les constellations, qui lui racontent l'histoire du monde. Toute la Genèse se refait devant ses yeux ravis. Il aperçoit distinctement Jéhovah en train de modeler les formes du premier homme avec la boue de son jardin.

— Tiens, dit Cœur-de-Lièvre en se réveillant en sursaut sur ce spectacle ; mais le bon Dieu a fait avant moi un trou à la lune !

Et il se prit à penser que son cas n'était pas différent de celui de beaucoup d'autres, et qu'il y en aurait peut-être un bon parti à tirer.

Tout repose, au château de Castel-Bouzin, sous une belle nuit d'été qui baigne la campagne d'une clarté douce et vibrante. Les nocturnes séraphins ont tendu une nappe de lumière sur la table où soupent les grillons noirs en causant politique, ce qui se comprend au bruit désagréable qu'ils font.

Tout repose au château de Castel-Bouzin, excepté ce pauvre M. Franc-Mitou, qui y couche pour la première fois, et qui a mangé beaucoup trop de melon. Ne connaissant pas les êtres, et craignant d'entrer inopinément, en cherchant sa voie, dans la chambre à coucher de la maîtresse de la maison, il tient bon contre une colique désespérée. Enfin, se sentant vaincu, il saute à bas de son lit. Le meuble le plus voisin était veuf de son ornement le plus accoutumé. On avait emporté, pour les brosser, ses habits, dont les poches étaient bourrées de journaux. Rien sous la main : le désert devant une incommensurable douleur !

Tout à coup, une joie d'enfant. O surprise ! au beau milieu de la chambre, à terre, un superbe carré de papier qui semble attendre. M. Franc-Mitou s'assied.... comme on s'assied quand on n'a pas de chaise. Quelle minute soulageante ! C'est fait. Il ne reste plus qu'à faire disparaître... Vite ! à deux mains !...

Pouah !

Ah ! méchante lune ! C'était elle encore, qui, passant par le losange d'un volet et donnant obliquement, au travers, sur le plancher, avait tendu ce faux papier à l'infortuné Franc-Mitou.

O Muse, pardonne-moi cette dernière histoire.

Extremum hunc, Arethusa, mihi concede laborem.

FIN.

TABLE

		Pages
Avant-propos		1
I	La première de mon ami Jacques	3
II	Le nouveau Fortunio	17
III	Ci-gît Jaquot	27
IV	Miss Edith	37
V	C'est ce qui vous trompe	49
VI	Guillemine	57
VII	Institution de l'orateur	67
VIII	La thèse de Clodomir	77
IX	Le faux ermite	87
X	La confession de Jacques	97
XI	La vengeance de Fœdora	107
XII	Le pantalon d'Isaac	115
XIII	Le protecteur de Jacques	123
XIV	Le cyclope	135
XV	Une réconciliation	144
XVI	De mal en pis	157
XVII	La femme de neige	167
XVIII	La fête de Saint-Cloud	179
XIX	Le joueur de flûte	191
XX	Le maillot de Proserpine	203
XXI	Les funérailles d'Atala	215
XXII	La recherche du Léviathan	225
XXIII	L'honneur de M. Giroflé	237

XXIV	Le douanier galant	247
XXV	Une rupture	257
XXVI	Histoire épouvantable	267
XXVII	Othello Barigoul	277
XXVIII	L'épreuve	287
XXIX	Histoire de mon village	299
XXX	Dans la cheminée	311
XXXI	Le dernier roman de Jacques	321
XXXII	Promenade matinale	331
XXXIII	Les œufs de M. le vicomte	343
XXXIV	Une distraction	353
XXXV	Les farces de la lune	365

Châteauroux — Imp. Nuret, MAJESTÉ, successeur

www.ingramcontent.com/pod-product-compliance
Lightning Source LLC
Chambersburg PA
CBHW070453170426
43201CB00010B/1318